20년째
226번째
글

2010년 이 책을 쓴 이유

황금씨앗의 꿈

이 순 태

확신하며 황금열매를 따 먹었던 사람들처럼
살기를 원하는 사람들을 위한
진짜 성공 안내서

황금씨앗의 꿈

이 순 태

뷰티풀월드

목 차

꿈꾸는 황금씨앗 / 3
1. 확신이 황금씨앗이다 / 9
2. 확신은 지속되는 생각이다 / 14
3. 확신이 인격이며 성품이다 / 17
4. 확신은 자라간다 / 21
5. 확신은 반드시 열매를 맺는다 / 25
6. 확신이 위대한 일을 이룬다 / 29
7. 확신은 과거로부터 온다 / 33
8. 확신으로 사는 것이 정상이다 / 38
9. 확신은 긍정을 본다 / 42
10. 확신이 해답이다 / 45
11. 확신은 창조적이다 / 49
12. 확신이 용기다 / 52
13. 확신이 꿈이다 / 57
14. 확신은 망원경이다 / 61
15. 확신이 CEO의 자질이다 / 65
16. 확신은 자신이 되는 것이다 / 69
17. 확신은 열망이다 / 73
18. 확신이 최선이다 / 77
19. 확신이 평화다 / 81
20. 확신이 행복의 씨앗이다 / 85
21. 확신이 만능 치료제다 / 89
22. 확신은 미래를 예견한다 / 93
23. 확신이 아름다움이다 / 97
24. 확신이 건강이다 / 101
25. 확신이 나눔이다 / 106
26. 확신은 이상을 실현한다 / 110
27. 확신이 최고 보물이다 / 114
28. 확신이 진짜 부다 / 118
29. 부의 왕국을 확신하라 / 122
30. 확신은 미친 상태다 / 126
31. 확신은 자기애다 / 130
32. 확신이 개척하는 힘이다 / 134
33. 확신은 기회를 잡는다 /138
34. 확신은 장벽을 제거한다 / 143
35. 확신이 성공이다 / 147
36. 지금 황금씨앗을 심어라 / 151

꿈꾸는 황금씨앗

신은 모든 인간에게
수많은 씨앗을 주셨다.
그 씨앗 중에
황금씨앗이 있다.

한 아이가 꿈을 꾸고 있었다. 이 세상에서 가장 아름답고 소중한 것을 찾아 나누는 사람이 되는 꿈을. 그런 꿈을 꾸고 있을 때 누나에게 들었던 소리다.

"신은 모든 사람에게 많은 씨앗을 주셨단다. 그 많은 씨앗 중에 황금씨앗이 있다는 거야. 그런데 그 황금씨앗은 지금도 꿈을 꾸고 있데. 누군가의 마음에 심어져서 황금나무로 자라나 황금열매를 맺는 꿈을. 그런데 많은 사람이 황금씨앗을 발견하지도 못하고 세상을 떠나고 만다는 거야."

그때를 잊을 수 없다. 누나에게 들었던 '꿈꾸는 황금씨앗' 이야기는 어린 시절뿐만 아니라 어른이 된 후에도 항상 머리에 쟁쟁거렸다.

"셀 수 없이 많은 사람들이 황금씨앗이 꿈꾸고 있는 것도 모르고, 심지어 그것이 무엇인지도 모르고 저세상으로 떠난다는 거야."

"황금씨앗이 꿈을 꾼다고? 도대체 황금씨앗이 뭐야?"

어린아이에게는 커다란 충격이었다. 황금씨앗이 있다는 것도, 그것이 꿈까지 꾼다는 것도, 모두가 너무도 큰 충격이었다.

"그것이 무엇인지 나도 잘 몰라. 그것이 무엇인지 모르지만, 그것이 있음을 확신하고 있어. '황금씨앗을 누구든지 발견할 수 있다.' 도덕 선생님께서 이렇게 말씀하셨을 때 그것이 있음을 확신하게 되었어."

"누구든지 황금씨앗을 발견할 수 있다고?"

"그래. 그렇다고 아무나 발견할 수 있는 것은 아니라고 말씀하셨어."

"그건 또 무슨 말이야? 누나."

"황금씨앗을 발견하려고 애쓰는 사람만이 그것을 발견할 수 있다는 거지."

"그럼, 누나는 이미 그것을 발견했어?"

"아니, 나도 발견하려고 애쓰고 있는데 아직 그것이 무엇인지 나도 잘 몰라. 그것이 무엇인지에 대해서는 알려 주지 않으셨어. 선생님은 우리에게 이렇게 말씀하셨어. '너희들 스스로 그것을 찾아야 한다.'"

"스스로 그것을 찾아야 한다고?"

"그래, 우리 스스로가 그것을 찾아야 한다고 하셨어. 그리고 마지막으로 이렇게 말씀하셨어. '지금도 황금씨앗은 꿈꾸고 있다. 누군가의 마음에서 황금나무가 되기를. 그리고 그 마음에서 큰 나무로 자라서 황금열매를 많이 맺기를. 지금도 마음에서 황금나무로 자라기를 꿈꾸고 있는 황금씨앗을 너희들 모두는 반드시 찾아서 너희 마음에 심기를 바란다. 너희 모두 황금씨앗의 꿈이 이루어지도록 최선을 다해라.' 그러니까 너도 황금열매를 스스로 찾아야만 하는 거야."

아이는 누나가 황금씨앗을 가르쳐주거나 보여주지도 않고 '자기 스스로 찾아야만 한다'라고 말할 때 매우 실망했다. 그러나 실망 가운데 계속 머물러 있지는 않았다. 사실 아이는 실망했지만, 그래도 희망을 품고 살기로 했다. 아이는 황금씨앗이 누군가의 마음에서 황금나무로 자라는 것을 꿈꾸고 있다는 점이 너무나 궁금했다.

아이는 신이 황금씨앗을 모든 사람에게 주었다는 누나의 이야기를 소년이 되어도 잊지 않았다. 그래서 중학교 시절에는 읍내에 있는 책방들을 다 뒤져 책이라면 무엇이든지 읽고 또 읽었다. 그때

소년이 된 아이가 이 말을 믿었기 때문이다.

―책 속에 길과 진리가 있다.

그러나 책 속에서 황금씨앗을 발견하지는 못했다. 아이는 청년이 되어도 '꿈꾸는 황금씨앗' 이야기를 잊지 않았다. 수많은 사람들을 만나며 수많은 종교에 관해서도 연구했던 것도 '꿈꾸는 황금씨앗'을 찾고 싶어서였다. 그러나 수많은 종교를 연구했지만, 여전히 그것을 발견하지는 못했다. 그렇지만 어른이 된 다음에도 그 이야기를 언제나 잊지 않았다.

이제 어른이 된 아이는 행복과 성공이 무엇인지에 대해 알아 가는데 10년 이상을 투자했다. 그리하여 드디어 그 아이는 황금씨앗이 무엇인지를 알게 되었다. 나이가 40이 넘어설 무렵이었다. 그것은 바로 생각 중에 숨어 있었다. 그것은 바로 '확신'이었다. 40세가 된 아이는 마음에서 황금나무로 자라길 40년 동안 꿈꿨던 황금씨앗을 발견한 즉시 자신의 마음 중앙에 심었다. 그리고 지금, 이 순간에도 황금씨앗은 그의 마음 중앙에서 황금나무로 자라고 있다.

그는 생각 중에 숨어 있는 황금씨앗이 확신임을 발견한 다음에도 위대한 사람들의 전기들을 정독하면서 위대한 사람들에게 있는 공통의 것이 바로 '확신'임을 더욱 알게 되었다. 과학자 중 확신의 사람으로 에디슨을 생각할 수 있다. 1879년 전구를 발명한 다음 전기를 실생활에 사용할 수 있도록 해서 인류의 새로운 시대를 도입

시킨 것은 에디슨의 확신 때문이었다. 수많은 실패를 거듭하면서도 끝까지 포기하지 않고 1만 4천 번의 실험을 통해 전구를 발명한 것은 그분이 확신 가운데 사셨기 때문이다.

그리고 파스퇴르는 미생물의 역할을 알게 하여 부패를 막을 수 있는 세균의 비밀을 가르쳐 주었다. 또한 살균법, 탄저병 연구, 그리고 광견병 예방 방법 등 수많은 것들을 발견하여 인류의 복지에 크게 공헌했다. 그분이 이런 것들을 발견할 수 있었던 비결은 무엇일까? 그것은 바로 확신이었다. 그분은 이렇게 말했다.

"나를 목표에 이르게 한 비밀은
내 마음에 있는 강한 집념이다."

바로 이 '강한 집념'이 확신이다. 파스퇴르가 확신을 얼마나 중요하게 여기며 살았는지를 그분 말년에 제자들에게 다음과 같이 말씀했던 것에서도 잘 알게 되었다.

"너희들은 나에게 기쁨을 준다.
과학과 평화는 무지와 전쟁을 이길 것이며,
미래는 고통받는 인류를 위해 일하는 자에게 달려 있다는
굳은 신념을 지닌 사람들이 느낄 수 있는 큰 즐거움이다."

그렇다! 굳은 신념, 즉 확신이 해답이다. 바위보다 아니 다이아

몬드보다 더 단단한 확신이 해답이었다. 확신이 황금씨앗이다. 그는 황금씨앗을 발견하고 황금씨앗의 꿈을 이루어주고 싶었다. 그래서 그는 황금씨앗을 발견한 그 즉시 자신의 마음 정원 중앙에 그것을 심었다. 그는 황금씨앗을 마음 정원 중앙에 심자마자 이렇게 말하기 시작했다.

나는 확신한다.
고로 나는 존재한다.
나는 확신한다,
고로 나는 행동한다.

1. 확신이 황금씨앗이다

황금씨앗은 지금도 꿈을 꾼다.
황금씨앗의 꿈은 황금나무가 되는 것이다.
황금나무에서 황금열매를 주렁주렁 열리고 싶다.
황금나무는 오직 마음 중앙에서만 자라기에
지금도 황금씨앗은 자신이 묻힐 마음을 찾고 있다.

나는 다음 문장을 10년 동안 곱씹고 있다.

신은 모든 인간에게
수많은 씨앗을 주었다.
그것은 바로 여러 생각이다.
씨앗 중에서도 황금씨앗이 있다.
그것은 바로
확신이다.

그렇다! 확신이 황금씨앗이다.
행복과 성공은 황금씨앗인 확신을 지금도 가지고 있느냐 아니면 그것을 가지고 있지 않느냐에 따라 결정된다. 이 씨앗을 가진 사람은 지금, 이 순간에도 성공의 삶을 살아가고 있다. 이 씨앗을 심어 황금나무가 자라는 것을 바라보고 있는 사람은 지금, 이 순간에도 행복하다. 그 나무에 황금열매가 맺어가는 것을 보는 사람은 어떤 상황에 있다고 해도 행복을 만끽할 수 있다.

일찍이 철학자 데카르트는 이렇게 외쳤다.

나는 생각한다.
고로
나는 존재한다.

이것은 생각이 얼마나 중요한 것인지를 강조한 말이다. 이미 우리의 선조들은 생각의 힘에 대해 알고 있었고 그것을 이용하여 오늘의 문명을 창조하고 계승했다.

21세기가 되어 가장 중요하게 대두된 것은 바로 '생각의 힘'이다. 어느 시대보다 현대는 생각의 힘을 최고로 강조한다. 사실 우리가 보고 있는 모든 것들은 생각의 산물이기 때문이다. 그래서 나는 성공학자들이 강조한 것들을 다음과 같이 요약해 보았다.

당신의 생각이 바로 당신 자신이다. 그러므로 좋은 생각을 해야

한다. 항상 위대한 생각을 품고 살아야 한다. 생각의 습관은 인격을 변화시키고 기질을 바꾸며 성품을 형성시킨다. 어떤 생각을 계속하고 있으면 그것이 결국 성품이 된다. 생각의 습관은 성품만이 아니라 생활도 변화시킨다. 그리고 그것은 결국 인생의 성공과 실패를 결정한다. 그러므로 위대한 생각을 항상 품고 살아야 한다.

당신이 누구인지에 대해서 가장 정확히 알 수 있는 사람은 바로 당신뿐이다. 당신이 어떤 생각으로 살아가고 있는지 그것이 바로 당신임을 잊지 말아야 한다. 질병 속에 있거나, 경제적인 파산 속에 있거나, 인간관계에서 최악에 있다고 해도 위대한 생각으로 살아야 한다. 왜 그럴까? 그 이유는 바로 그 생각이 현재의 당신이기 때문이다. 그리고 당신의 미래는 지금 당신이 생각하는 그대로 되기 때문이다.

생각은 힘을 가진 물체다. 이 사실은 이미 많은 사람들에 의해서 증명되었다. 특히 미국에서 이 사실을 실험하여 입증해 보였던 사람들이 많았다. 그 대표적인 사람이 바로 19세기 말 워싱턴의 '앨머 게이츠' 교수다.

게이츠 교수는 생각에 힘이 있다는 것을 입증시키기 위해서 자주 다음과 같은 실험을 했다고 전해져 온다. 물이 가득 든 두 개의 그릇에 손을 하나씩 담근 다음, 오른손에 정신을 집중하면 오른쪽의 그릇에 잔잔히 있던 물이 저절로 넘친다. 다시 왼손에 정신을 집중하면 그 그릇의 물 역시 넘쳐흘렀다.

게이츠 교수를 이어 예일 대학의 W. G. 앤더슨 교수도 생각의 무게를 측정하는 데에 성공했다는 점을 성공학자들은 잘 알고 있다. 수학 문제의 난이도에 비례하여 저울의 눈금이 올라가더라는 것이다. 시카고 대학과 스탠포드 대학에서도 생각이 전기와 비슷한 현상을 일으킨다는 것을 입증시켰다. 이런 모든 실험은 생각이 힘이 있다는 것을 말하고 있다.

그래서 나폴레온 힐은 자신의 책, <지금당장 실천하라>(The Think and Glow Rich Action Manual)의 제1장을 시작할 때 제일 먼저 다음과 같이 주장했다.

"사고는 힘을 가진 물체이다. 그리고 사고는 확고부동한 목적, 불굴의 끈기, 그리고 그것을 부 또는 그 밖의 물질적 대상으로 변형시키려는 불타는 욕망과 결합할 때 더욱 강력한 위력을 발휘하는 힘이 된다."(p.13)

생각이 얼마나 강력한 힘을 지니고 있는지에 대해서 가장 강력하게 쓴 책 한 권을 소개하고 싶다. 바로 오리슨 스웨드 마든이 쓴 <성공으로 가는 생각법칙>(서울:다리미디어, 2003)이다. 원제는 <최고의 비밀> *The Greatest Secret*(JMW, 2002)이다. 자신의 책에서 마든은 생각이 매우 강력한 힘이 있다는 것을 대자연의 법칙과 연결해서 다음과 같이 주장했다.

"세상에서 싹이 돋게 하고, 잎과 꽃봉오리가 자라게 하며, 열매를 맺게 하는 힘이 대자연에 존재한다는 것은 누구나 믿고 있다. 그 힘은 전혀 보이지도 않고 느낄 수도 없지만 아무도 그 존재를 부인하지 않는다. 중력을 보거나 듣거나 느낀 사람 역시 아무도 없지만 중력이 존재한다는 것은 누구나 확신한다. 지구가 1세기에 0.1초의 오차도 없이 우주 궤도를 빛처럼 재빨리 회전하는 모습을 아무도 본적이 없지만 다들 그 사실을 전혀 의심치 않는다. 그런데 왜 정신의 강력한 힘은 단지 보거나 듣거나 냄새 맡은 적이 없다는 이유만으로 그토록 불신하는 것인가?"(p.105)

이 주장에 대해 당신은 어떻게 생각하는가? 생각이 힘이라고 생각하는가? 당신이 아직도 생각의 힘이 무엇인지를 모른다면 그것에 대해 알아야 할 것이다. 생각 중의 생각인 확신이 가장 강력한 힘이 있음을 알아야 한다. 그 확신이 황금씨앗임을 확신해야만 한다. 당신이 확신의 힘이 무엇인지를 알고 있다면 그 힘이 당신에게도 실제로 나타날 수 있도록 무엇을 할 것인지를 알아야 할 것이다. 모든 것 중에서 가장 중요한 것은 이것이다. 지금도 황금씨앗은 당신 마음에서 황금나무가 되고 황금열매를 맺길 꿈꾸고 있다.

2. 확신은 지속되는 생각이다

성공학자들은 모두 '좋은 생각을 품고 사는 것'을 강조한다. 나는 좋은 생각의 집단을 표현한 말 중 가장 중요한 것이 '좋은 확신'이라고 생각한다. 신이 주신 확신이란 무엇인가? 그것을 나는 이렇게 정의하고 싶다.

신이 주신 확신이란
어떤 환경에서도
자신으로부터 절대로 떠나지 않는
항상 지속하는 아름다운 생각이다.

당신의 마음 깊은 곳으로부터 부인할 수 없는 아름다움을 향한 지속적인 생각이 바로 확신이다. 그 어떤 것에 대한 확신이란, 그것 생각이 지속되는 것을 의미한다. 확신이란 추상적인 것이 아니라 가장 구체적인 것이다. 아름다움을 향해 구체적인 어떤 점을 항상 품고 살아가는 것이 바로 신이 주신 확신이다. 죽음이 온다고 해도 부인할 수 없는 그것을 품고 있는 것이 바로 신이 주신 확신이다.

이것이 바로 좋은 확신이다.

인류 역사를 발전시켜 왔던 수많은 것들은 모두 '좋은 확신'의 산물이었다. 우연히 발견된 것들을 통해서 인류가 발전되기도 했지만 그것은 극히 소수일 뿐이다. 인류가 오늘날처럼 번영을 누릴 수 있는 근본적인 이유는 바로 확신을 가진 사람들 때문이다. 그들의 확신이 인류를 여기까지 발전시킨 것이다. 사실 생각 중에서도 확신이 얼마나 중요한지에 대해서 많은 사람들이 강조해 왔다. 어떤 것에 확신을 가진 사람만이 그것을 얻고자 하는 갈망했고 드디어 그것을 얻었다. 어떤 것에 대한 갈망을 갖고 산다는 것은 그것에 대한 확신 속에서 살고 있다는 증거다.

'인간만이 생각하는 존재'라는 것을 성공학자들은 강조한다. 인간이 생각할 수 있는 것은 바로 신을 닮았기 때문이다. 인간은 여러 생각을 한다. 그 여러 생각 중 어느 하나를 결정하는 것이 자신이다. 인간에게 있어서 가장 중요한 것이 바로 '생각의 결정'이다. 인간만이 순간마다 '생각의 결정'을 사용하여 자의식을 스스로 모양 짓고 조각할 수 있으며 꿈꾸는 최고의 사람으로 자신을 만들 수 있기 때문이다. 위대한 사람들은 항상 올바른 생각의 결정을 따라 살기 위해 최선을 다했다. 사실 *'올바른 생각의 결정'을 끝까지 지속*

하는 것—이것이 바로 신이 주신 확신이다. 이것이 바로 '성공으로 가는 생각법칙'이며 또한 '수억만불짜리 습관'이다. 브라이언 트레이시는 <백만불짜리 습관>*Million Dollar Habits*(용오름, 2005)에서 이렇게 주장한다.

"긍정적인 자기와의 대화를 통해 자기평가와 자기 확신을 쌓아 올림으로써, 잠재 역량을 해방시키고 스스로 세운 어떤 목적도 이룰 수 있는 것이다."(p.50)

자기평가와 자기 확신을 쌓아 올리는 것이 무엇인지를 알고 있는가? 그것을 알고 있지 못한다면 이 책을 통해서 그것을 분명하게 알기를 원한다. 신이 주신 잠재 역량을 극대화시키는 훈련을 했던 사람들이 위대한 일들을 이루었다는 것을 알기 원한다. 그들처럼 당신 역시 위대한 사람으로 살기를 원한다.

확신하라. 확신하고, 확신하고, 끝까지 확신하라. 그리하면 반드시 이루리라.

3. 확신이 인격이며 성품이다

　당신은 무엇을 확신하고 있는가? 그것이 바로 당신의 인격이며 성품이다. 당신이 계속 생각하고 있는 그것이 당신의 인격이며 그 생각하고 있는 것들이 표출되어 나타나는 것이 바로 당신의 성격이다. 그리고 그렇게 지속되는 생각은 당신의 환경을 형성한다. 지금, 이 순간에도 당신이 훌륭한 생각을 하고 있다면 당신은 훌륭한 사람이다. 지금, 이 순간에도 위대한 일을 꿈꾸고 있다면 당신은 위대한 사람이다. 그리고 언젠가는 당신의 생각대로 당신은 위대한 일을 행하고 있을 것이다. 이것이 바로 '자기 존재법칙'이다.

　우리는 지금 성공학자들이 '당신의 인생은 당신의 생각이 만들어간다.'라고 외치는 소리를 듣고 있다. 그런데 이것은 로마의 16대 황제 마르쿠스 아우렐리우스(Marcus Aurelius: 서기 121-180)가 이미 했던 말이다. 성공으로 가는 사람들에게는 성공의 열매를 따 먹을 수밖에 없는 그런 특별한 생각이 있다는 점을 이미 몇천 년 전에 발견했다.

　'자기존재법칙'과 '성공으로 가는 생각법칙'을 알고 살았던 사람들은 모두 위대한 사람으로 살 수 있었다. 제임스 앨런(James Allen)은 <생각의 법칙>이란 자신의 책에서 "사람의 성품과 기질은 마음속에 품고 있는 생각에 따라 결정된다."라고 강조한다. 마음속의 생각이 우리 각자의 현재 상태를 만들었다는 것이다. 지금 우리 각자의 모습은 생각이 빚어 놓은 것임을 강조하면서 제임스는 다음과 같은 시를 인용한다.

> 그대 마음에 사악한 생각들을 품고 있다면
> 달구지가 소 뒤를 따르듯이
> 고통이 그대에게 다가오리라.
> 그대가 생각의 순수성을 지켜 나간다면
> 항상 그대를 뒤따르는 그림자처럼
> 기쁨이 그대를 따르리. 틀림없이. (pp. 9-10)

앨런이 강조한 것은 사람의 성공과 실패는 다름 아닌 자기 자신에게 달려 있다는 점이다. 신학자인 내가 이런 말을 하면 기독교인 중에서 나를 이상하게 생각하는 사람이 많이 있을 것이다. "신학자가 신학이나 가르칠 것이지 이상한 것을 가르치고 있네!" 이런 생각을 하는 사람들이 있을 것이다. 그러나 내가 지금 강조하고 있는 것은 신이 우리 모두에게 무엇을 주었는지를 알아야 한다는 점이다. 신이 우리를 얼마나 위대하게 창조하셨는지를 아는 사람은 위대한 생각을 하고 위대한 생활을 하게 되어 있다.

생각과 성격은 하나이다. 성격 안에 품었던 생각이 모든 것을 이끈다. 생각이 성격을 이끌고 환경을 형성한다. 이것이 바로 '자기 존재법칙'이다. 생각이 인격이 되고 성격이 된다는 것을 가장 잘 보여주고 있는 이야기가 있다. 이 이야기는 자신이 닮기를 원하는 인물을 마음에 품고 살아가는 것이 얼마나 중요한지도 잘 가르쳐준다.

한 남자가 한 여자를 보고 사랑에 빠졌다. 그 남자는 그녀를 미치도록 사랑하게 되어 청혼했다. 그러나 그녀는 그 남자의 청혼을 거절했다. 왜냐하면 그 남자는 세상에서 가장 악명 높은 '조지 헬'(George Hell)이었기 때문이다. 청혼을 거절한 그녀의 이름은 '제니 미어'로 거절할 때 이렇게 말했다. "나는 성자의 얼굴을 한 사람과 결혼하겠다." 조지 헬은 제니 미어와 결혼하고 싶어 최고의 가면 제작자들에게 성자의 가면을 만들도록 했다. 그 가면을 쓴 그는 드디어 제니 미어와 결혼하여 행복하게 살고 있었다.

세상에서 가장 거룩하고 인자하게 보이는 모습으로 위장한 조지 헬은 자신의 본모습을 감추고 성자처럼 생각하고 말하고 행동하려고 애썼다. 그러던 어느 날 사악한 시절의 옛 애인이 찾아와 사랑하는 아내 앞에서 위선의 가면을 무자비하게 벗겨 버렸다. 그런데 그의 모습은 위장한 모습이 아니라 가면과 똑같이 실제 성자의 모습이 되어 있었다.

막스 비어봄의 소설 <행복한 위선자>의 내용이다. 이것은 당신이 지속적으로 품고 있는 생각은 당신의 인격과 성품을 바꾼다는 점을 알려 준다. 가장 중요한 것은 그 생각이 당신의 인격과 성품을 나타내는 당신의 얼굴부터 바꾼다는 점이다.

그렇다! 당신이 생각하고 있는 그것이 바로 당신이다. 당신이 지금 무엇을 생각하고 있든지 그 생각이 바로 당신의 인격과 성품을 결정한다는 것을 잊지 말라.

4. 확신은 자라간다

확신은 자라간다. 확신이 얼마나 크냐에 따라 미래가 결정된다는 말을 많은 성공학자들이 강조해 왔다. 확신은 자랄 수 있고, 또한 반대로 성장을 멈추거나 사라질 수도 있다. 나는 많은 사람들이 확신으로 출발했지만, 어느 날 그 확신을 상실한 상태에 빠져 있는 것을 발견하게 되었다. 왜 그럴까? 그 이유는 간단하다. 그들은 확신을 키우는 방법을 알지 못했다. 그들은 자신들의 확신을 유지하는 방법조차도 알지 못했다.

그러므로 확신은 자랄 수 있는 생명체와 같다는 것을 아는 것이 가장 중요하다. 나아가 그 생명체와 같은 확신을 어떻게 성장시킬 수 있을 것인지 그 방법에 대해서 아는 것 또한 가장 중요하다. 당신이 어떤 확신을 가진다고 해도 그것이 점점 자라지 않는다면 어쩌면 당신의 확신은 가짜일지 모른다. 왜 그런가? 확신은 생명체와 같기 때문이다. 생명체란 자라기 때문이다. 그러므로 당신의 확신이 자라도록 해야만 된다. 그럼 어떻게 그 확신을 키울 수 있을까?

데일 카네기와 함께 성공하는 삶에 대하여 가장 영향력을 끼쳤던 나폴레온 힐은 '신념'이 얼마나 중요한지에 대해서 여러 곳에서 강조했다. 사실 신념이란 말과 확신은 형제와 같다. 확고한 신념이 확신이기 때문이다. 아무튼 그는 '신념이란 자기 암시로 창출되는 마음의 상태'라고 정의했다. 현대 심리학자들이 발견한 것 중에서 가장 중요한 것이 사실 '자기 암시'다. 성공의 삶을 살아가는 사람은 자기 암시에 성공한 사람이라는 것이다. 따라서 수많은 사람들로 하여금 성공의 열매를 따 먹게 했던 나폴레온 힐은 자신의 제자들에게 신념을 가져야 할 것을 다음과 같이 강조했다.

자아 신념을 가지자.
나는 영원한 신념을 가지자.
신념은 나의 사고에 생명을 주고, 힘을 주어 나를 정립시키는 명약이다.
.....
신념은 기적이다.
신념이야말로 나를 절망에서 끌어내어 일으켜주는 흥분제이다.
신념은 기도이다. 무한한 지성을 번뜩이게 하는 마그네슘이다.
신념이야말로 나의 고정 관념을 파괴하는 다이너마이트이다.
나는 신념을 가졌다. 그러므로 이제 무서운 것은 아무것도 없다.
우주의 모든 것은 내 편이다.

자기 암시란 무엇인가를 계속해서 자신에게 주입하는 것을 의미한다. 아편을 처음으로 경험했던 사람이 그것이 너무 좋아 아편을 자신에게 계속 주입하면 아편쟁이가 된다. 그런데 자기 암시란 어떤 말이나 사상을 자신에게 계속 주입하는 것을 의미한다. 따라서 부자가 되고 싶은 사람은 다음과 같은 말을 자기 암시에 사용하라고 성공학자들은 권면한다.

나는 부자가 되기 위해 이 세상에 태어났다.
나는 부자가 될 모든 것들을 소유하고 있다.
나는 부자의 길로 지금 가고 있다.

이런 말들을 항상 자신에게 주입하라. 글로 써서 날마다 크게 낭독하라. 왜냐하면 당신을 결정하는 것은 생각이기 때문이다. 그리고 그 생각을 결정하는 것은 당신이 보고 듣고 있는 글과 말이기 때문이다. 그러므로 긍정적인 글을 보고 긍정적인 말을 듣고 살아가는 것이 정말 중요하다. 이런 것들이 성공학자들의 강조점이다.

만남을 귀히 여겨야 한다. 무엇을 만나느냐에 따라 인생이 좌우된다. 특히 책과 사람을 만날 때 주의하라. 어떤 종류의 책과 사람을 만날 것인가? 책과 사람 만남을 선별하는 것이 얼마나 중요한지 모른다. 좋은 책과 좋은 사람을 만나는 사람만이 좋은 신념을 갖게 되고 그 신념이 점점 자라 좋은 확신이 된다. 그리고 그 확신 역시 좋은 글들과 좋은 말들을 통해서 점점 자란다.

좋은 사람을 만나고 좋은 책을 만나고 좋은 기회 만나기를 간절히 바란다. 당신의 멘토가 될 만한 사람을 찾아라. 당신에게 귀한 진리를 전해 줄 책을 선택하라. 그 사람을 자주 만나고 그 책을 수십 번 정독하라. 그 사람을 완전히 닮아라. 그 책의 내용이 완전히 당신의 피와 살이 되게 하라. 그리고 그렇게 닮아가는 과정에서 한 순간도 확신을 놓치지 말라. 당신에게 있는 좋은 확신이 이 순간에도 위대한 확신으로 자라기를 진심으로 바란다.

5. 확신은 반드시 열매를 맺는다

세상에 모든 아름다운 열매들은 확신 때문에 맺는 것이다. 야생의 열매들도 우연히 떨어진 씨앗이 자라 나무가 되고, 그 나무에서 열매를 맺는 것이 아니다. 우리에게는 우연한 것처럼 보이지만 그 씨앗이 떨어져 죽으면 나무가 되고, 그 나무에서 열매가 열릴 것을 확신했던 신이 그렇게 하신 것이다. 그러므로 세상에 있는 모든 열매는 확신의 결과임을 잊지 말아야 한다.

확신이 얼마나 중요한지에 대해서는 1903년 12월 17일 인류 최초로 비행기를 타고 비행에 성공했던 라이트 형제 중 동생 '오일'의 말을 들어보아도 잘 알 수 있다.

"지난 10년 동안 습득한 모든 지식과 기술을 동원해서 내가 오늘 새로운 기계를 타고서 바람 속에서 처음으로 비행할 수 있으리라고는 전혀 생각지도 못했습니다. 아무도 시도하지 않았던 기계로 비행한 우리의 용기를 사람들은 놀라움으로만 바라보고 있습니다."

이 말 속에서 오일은 사람들은 전혀 생각하지도 않았던 비행을 자신은 할 수 있을 것을 확신했기에 실험하고 있었다는 점을 강조한다.

그렇다! 위대한 일은 그 일의 성공을 확신한 자들에 의해서만 이루어져 왔다. 제일 처음 전화가 발명되었던 것도 스코틀랜드의 벨이 '인간의 귀와 똑같은 원리를 지닌 기계를 만들 수 있다.'라는 확신의 결과였다. 보스턴의 다락방에서 경제적인 파산 직전이 와도 끝까지 연구하여 열매를 맺을 수 있었던 것은 오직 그의 확신 때문이었다.

그 후 에디슨이 오늘날 우리가 사용한 것과 똑같은 전화 송신기를 2,000번 이상 실험을 통해 만들었던 것도 그의 확신 때문이었다. 또한 1879년 전구를 발명한 다음 전기를 실생활에 사용할 수 있도록 했던 것 역시 에디슨의 확신 때문이었다. 이 책에서 처음에 언급했던 것처럼, 전구를 만들기 위해 3천 개의 이론을 두 개의 이론으로 줄이고 6천 개의 물질들을 탄화시켜 보았던 것은 오직 확신 때문이었다. 셀 수 없을 정도로 많은 실패에도 불구하고 성공할 때까지 1만 4천 번을 실험하여 전구를 발명했던 에디슨의 삶은 성공 원인이 바로 확신임을 보여주고 있다.

10년이라고 해도 3천 6백50일이다. 하루 4번씩 실패를 경험했다고 해도 10년 동안의 기간이 필요하다. 10년이 아니라 20년 동안 실험하더라도 성공할 것을 확신하자. 모든 사람이 회의한다고 해도 확신하며 끝까지 포기하지 않고 전진했던 사람들이 바로 오늘날의 찬란한 문명을 이루었다.

 확신은 반드시 열매를 맺는다. 이 말이 진리라는 것을 수많은 사람들이 증거하고 있다. 예를 들면 20세기 가장 존경받았던 테레사 수녀가 그 장본인이다. 그녀는 1946년 9월 10일 다르질링 산에서 기도할 때 한 '찬란한 광경'을 보았다. 그것은 환상이 아니었다. 그 광경을 본 테레사 수녀는 신이 자신에게 '새롭고 중대한 일을 내린 것'이라고 확신했다. 이것을 '소명 중의 소명'으로 여기고 나중에 테레사 수녀와 일하게 된 수녀들은 그날을 '영감의 날'로 정해 해마다 기념했다.

 그날 이후 테레사 수녀는 자신의 삶이 완전히 바뀌게 될 것이라고 확신했다. 그녀는 그 광경을 신이 내린 명령으로 확신했다. 자신으로 하여금 캘커타 거리로 나가서 더러운 빈민굴에서 살고 있는 가난한 사람들과 함께 생활하면서 불쌍한 사람들을 도우라는 명령으로 확신했다. 어떻게 그 일을 시작해야 할지 막막했지만, 그녀는 자신이 신의 명령대로 그 일을 할 것이라고 확신했다. 당시 수녀들은 수녀원을 떠날 수 없었다. 그것은 당시의 생각으로는 완전히 불가능했다. 그러나 2년 후 그녀는 자신의 확신대로 수녀원을 떠나 캘커타 거리의 빈민들에게 사랑을 나누고 있었다.

오늘도 소외당하는 사람들에게 사랑을 전하는 '사랑의 선교회'는 바로 한 여인 확신의 열매다. 그 여인의 확신이 그녀 자신만이 아니라 수많은 사람들을 사랑을 나누는 사람들로 살 수 있도록 만들었다. 그녀의 확신 때문에 세상은 그 이전보다 아름답게 되었다. 그녀의 확신 때문에 지금도 그녀처럼 살고 싶은 수많은 사람들의 가슴에 사랑의 나무가 자라고 있다.

당신 역시 확신하라. 당신 역시 사랑의 열매를 맺힐 수 있는 사람이다. 아무것도 없다고 낙심할 필요가 없다. 좋은 가문이 아니었고, 명문대를 나오지 못했고, 그리고 외모가 뛰어나지 않아도 확신하라. 당신의 미래에 황금열매가 주렁주렁 열려 많은 사람들에게 나눌 수 있다는 것을 말이다. 당신이 세상에 있는 것은 바로 당신을 통해서 많은 사람들이 황금열매를 먹기 위해서다. 이것을 확신하라.

6. 확신이 위대한 일을 이룬다

확신이 위대한 일을 이룬다. 이 말은 진리다. 확신이 위대한 일을 이룬다는 사실은 비즈니스에서도 보여준다. <좋은 기업을 넘어 위대한 기업으로>(*Good to Greatest*)에서 짐 콜린스는 세상에서 현존하는 가장 위대한 11개 기업을 연구한 결과를 보여준다. 그는 가장 위대한 기업들이 될 수 있었던 비결에 대해서 7가지로 요약한다.

그 7가지 중에서도 가장 중요한 것은 바로 '5단계 리더'다. 지극히 겸손하면서도 직업적인 의지에 있어서는 굽힐 줄 모르는 리더가 있어야만 위대한 기업이 될 수 있다는 것이다. '겸양 + 의지 = 단계 5'란 공식을 보면서 나는 많은 생각을 했다. 그리고 이렇게 결론을 내렸다. "바로 이것이 확신으로 살아가는 사람의 공식이다."

위대한 기업이 될 수 있었던 것을 "내가 아니라 모든 팀원 때문입니다."라고 고백한다는 것은 바로 확신에서 나온 것이다. 이런 리더는 입으로만 그렇게 말한 것이 아니라 마음으로도 그렇게 말하고 있다. 5단계의 리더들은 누구나 자신과 함께한 사람들을 신의 선물로 생각한다. 자신과 함께 위대한 일들을 성취할 수 있도록 신이 보내준 사람들이라고 확신한다.

그리고 5단계 리더들은 바로 그런 확신 때문에 불굴의 의지를 가지고 살아간다. 사람들을 최고로 중요하게 여기는 기업을 만들 수 있는 것도 사실은 불굴의 의지 때문이다. 사실 불굴의 의지란 확신의 다른 표현일 뿐이다. 확신이 있는 사람만이 불굴의 의지를 보여줄 수 있다. 사람을 가장 중요하게 여기는 리더는 일에서도 불굴의 의지를 보여주게 된다. 사람을 신의 선물로 확신한 리더는 자신에게 주어진 일 또한 신이 맡긴 사명으로 확신한다. 사람과 일을 신의 선물로 확신한 사람은 누구든지 5단계 리더로 살 수 있다. 세상에서 최고의 리더는 확신으로 사는 사람이다.

비즈니스에서 성공의 열매를 따기 위해서는 '고객을 감동시켜라.'라는 소리를 자주 듣는다. 고객을 감동하게 만들 수 있는 것도 확신으로만 가능하다. 나는 <백만불짜리 습관>이란 책에서 몇 년 전에 보았던 내용을 지금도 잊지 못하고 여러 사람과 나누고 있다. "하룻밤 만에 확실히, 분명히 배달 됩니다."라는 미국의 배달회사 Federal Express가 나올 때의 이야기다.

"콜로다도에 폭풍이 몰아쳐 덴버와 서쪽의 스키장을 잇는 산길이 폐쇄되었다. 'Federal Express'의 약속을 지키지 못하게 된 배달원은 상관에게 말도 하지 않은 채 헬기를 타고 산을 넘어 고객에게 소포를 배달했다. 최대한의 서비스를 위해 그는 헬기를 착륙시킬 장소를 확인하는 전화를 미리 했다. 이 이야기는 신문에 실렸고 결국 전 세계에 알려졌다. 'Federal Express'는 헬기 비용으로 수천 달러를 썼다. 그러나 기대를 뛰어넘는 서비스로 고객을 감동시켜서 광고의 관점에서 수백만 달러를 번 셈이 되었다."(p.306)

이 배달원은 무엇을 확신했을까? 나중에 헬기를 사용했던 것 때문에 상사로부터 어떤 문책을 당할지도 모르지만, 그런 과감한 행동을 할 수 있었던 원동력은 무엇이었을까? 그렇다! 그것은 확신이었다. 세상에서 더욱 중요한 것이 있다는 점을 확신했다. 무엇이 우선순위에서 위에 있어야 할 것인지를 확신했다. 그는 분명 '돈보다 약속이 더 중요하다.'라는 확신을 가진 사람이었다. 그 약속을 지켰을 때 돈보다 더 많은 것이 오게 된다는 것을 확신했다. 잠시 손해가 되는 것처럼 보이지만 길게 보면 그것이 유익임을 확신했다. 그렇다! 그의 확신처럼 돈보다 더 많은 것들이 그가 속한 회사에 돌아왔다.

적십자사를 창설한 사람으로 유명한 앙리 뒤낭은 '인류는 모두 평등하다.'라는 생각을 품고 살았던 대표적인 사람이었다. 그는 어린 시절부터 모든 사람은 신의 형상으로 태어났기에 귀한 존재라는 가르침을 교회에서 받았다. 그는 어린 시절 아버지의 손을 잡고 여러 곳을 다니다가 '들통'이란 곳에서 죄수들이 쇠사슬에 매여 고역에 시달리고 있는 것을 보았다. 그는 그 사람들을 위해서 자신이 할 일이 있다고 생각했다. 그래서 18세부터 감옥을 찾아가 죄수들을 위로했다. 알제리에서 사업을 시작한 것도 사실 사업을 통해서 일하는 사람들을 잘 살 수 있도록 만들기 위해서였다. 그가 어린 시절부터 품었던 '모든 인류는 형제들'이란 이 생각이 나중에 적십자사를 창설한 위인으로 자라게 했다.

제1회 노벨평화상을 받았던 앙리 뒤낭은 '모든 인류는 한 형제'란 확신을 어린 시절부터 가졌던 사람이었다. 모든 인류가 한 형제로 평등하다는 생각이 그의 일생 지속되었다. 바로 이것이 확신이다. 그에게 떠나지 않았던 그 생각이 바로 오늘날의 적십자를 낳게 한 것이다. 생각이 세상을 더욱 아름답게 만든 것이다.

오늘날 세상의 수많은 사람들이 적십자를 통해서 보다 행복한 생활을 할 수 있게 된 것은 바로 앙리 뒤낭과 같은 사람들의 확신의 열매다. 앙리 뒤낭처럼 모든 인류가 한 형제라는 확신을 가지고 헌신하며 살아가는 사람들 때문에 오늘날에도 적십자는 세상을 위한 역할을 감당하고 있다.

그렇다! 당신이 품고 있는 위대한 생각을 계속 품고 살아야 한다. 그러면 그 확신 역시 미래 어느 날 반드시 위대하게 열매로 맺혀져서 많은 사람들과 나누게 될 것이다.

7. 확신은 과거로부터 온다

"미래를 볼 수 있는 사람은 과거를 보았기 때문이다." 내가 자주 사용하고 있는 말이다. 확신은 과거를 거울로 삼는다. 과거는 확신의 밑거름이다. "미래는 고통받는 인류를 위해 일하는 자에게 달려 있다는 굳은 신념을 지닌 사람들이 느낄 수 있는 큰 즐거움이다." 파스퇴르가 이렇게 '미래=큰 즐거움'이라고 외칠 수 있었던 것도 과거를 보았기 때문이다.

당신 과거를 보라. 그리하면 당신의 미래가 보인다. 그리고 지금 당신은 승리자로 살 수 있다. 다윗이 골리앗을 향해 나갈 수 있었던 것은 확신 때문이다. 그는 골리앗을 반드시 이길 것이라고 확신했다. 왜 그런 확신을 갖게 되었을까? 그것은 바로 과거 때문이다. 다윗은 자신의 과거에 발생했던 승리의 일들을 통해서 현재도 승리할 것을 확신했다. 그는 양들을 지키기 위해 곰과 사자 등 사나운 짐승들과 싸워 이겼다. 그런 싸움을 통해서 신이 자신의 편임을 알게 되었다. 과거의 싸움에서 승리를 주셨던 그 신이 골리앗과의 싸움에서도 승리를 주실 것이라고 확신했다. 그렇다! 과거의 승리는 현재의 승리 역시 확신케 만든다.

나는 내 자신이 반드시 황금열매를 주렁주렁 딸 것을 확신한다. 왜냐하면 과거에도 수많은 황금열매를 따서 나누었기 때문이다. 나는 지금까지 살아오면서 갈망했던 모든 것이 다 이루어졌다. 청년 시절 써 놓았던 '이루고 싶은 꿈들'을 기록한 기도일지를 3년 전 어느 날 살펴볼 때 나는 놀라고 말았다. 왜냐하면 내가 꿈꾸어 왔던 모든 것들이 다 이루어져 있었기 때문이다. 그래서 지금 나는 내가 소원했던 모든 것들이 다 이루어졌다고 말할 수밖에 없다.

사실 이 글을 쓰기 시작한 시점보다 두 달 전만 해도 나는 한 가지가 이루어지지 않았다고 생각했다. 나는 나와 함께 사는 사람들이 3조 원을 쓸 수 있기를 갈망해 왔다. 많은 사람들을 행복하게 만들 수 있기 위해서 적어도 3조 원을 쓸 수 있기를 갈망해 왔다. 그 갈망은 지난 7년 동안 계속되었다. 두 달 전에 미국 가기 이전에도 내 갈망은 간절한 기도로 나타났었다.

그러나 이제 나는 이전에 기도했던 그런 관점으로 3조 원을 쓰게 해 달라고 기도하지는 않는다. 왜냐하면 지금 내가 쓰고 있는 것은 돈으로 환산하면 3조 원 이상이라는 것을 알았기 때문이다. 이 사실을 알게 된 것에 대해서 여기서 나누고 싶다. 무엇보다 '확신으로 사는 사람이 최고의 보물'임을 나누고 싶다. 그리고 나와 함께 살아가는 사람들은 이미 3조 원 이상을 사용하고 있다는 사실을 나누고 싶다. 나와 함께 살아가고 있는 사람들이 누리고 있는 행복과 성공을 돈으로 환산한다면 3조 원 이상이다. 나는 이 사실을 한 아주머니를 통해서 알게 되었다.

미국에 우리 아이들이 살고 있는 아파트 같은 동 1층에 한국인 아주머니 한 분이 사신다. 그분은 한국에서 이혼하여 미국에서 새로운 남편을 만났다. 그런데 몇 년 전 남편을 먼저 보내고 아들과 딸을 데리고 외롭게 살고 계신다. 그분은 자신이 지금까지 살아온 많은 것을 내게 말씀하셨다. 나도 그분에게 내 과거에 있어서 중요한 부분을 말씀드렸다. 그분에게 '내 생애서 아직 이루어지지 않는 것이 3조 원 쓰는 것'이라고 말씀드렸다. 그러자 그분은 이렇게 말씀하셨다.

"교수님은 이미 3조 원을 쓰고 계시네요. 교수님의 주위에 그런 분들이 계신다면 이미 3조 원을 쓰신 거나 마찬가지가 아닌가요?"

나는 그 순간 아무런 말을 하지 못하고 잠시 침묵을 지키고 있었다.

"지난 며칠 동안 제가 교수님과 나눈 것만 해도 그것이 3조의 가치만 있겠습니까?"

내가 나눈 '성공의 사람으로 사는 길' 때문에 그렇게 살겠다는 마음을 품게 된 자신이 돈으로 환산할 수 없는 것을 얻었다는 것이다. 그분의 말씀은 내 생각을 바꿔놓고 말았다. 그리고 며칠 전 그분에게서 전화가 왔다. "아이들을 제가 돈으로는 도울 것 없지만 제 조카들처럼 생각하고 살피고 있습니다."

나는 너무나 감사했다. 그분이 그런 생각을 갖게 된 것에 대해서 너무 감사했다. 삭막한 이민 생활에서 사랑의 향기를 나누며 살기를 원하는 사람이 내 아이들 주위에 있다는 것을 생각하면 너무 감사하다. 나는 그분의 서글픈 과거사를 경청하며 내 과거사를 진솔하게 나눴다. 사실 진솔한 대화가 그분의 마음을 감동케 했다. 그러나 그분이 내 아이들을 돌보며 살겠다고 말한 것도 사실은 내 확신의 열매였다. 나는 평상시 이렇게 생각하며 살아왔다.

세상에서 최고 부자는
세상 모든 사람을 사랑하려는 마음을 소유한 사람이다.
모든 사람을 사랑하려는 마음으로 사는 사람은
만나고 있는 한 사람을 최선을 다해 사랑한다.
한 사람을 자신처럼 사랑하는 것이
최고의 부자로 살 수 있는 지름길이다.
만나고 있는 한 사람을 자신처럼 사랑할 때
그 사랑을 받은 사람 역시 그렇게 살게 된다.

나는 그분과의 만남을 주님께서 주신 선물로 생각한다. 그리고 나는 지금 자신이 지금보다 더욱 선한 영향력을 끼칠 것을 확신한다. 당신 역시 나처럼 확신할 수 있다. 현재 이 글을 보며 살고 있는 당신 역시 과거를 승리로 걸어온 장본인이기 때문이다.

8. 확신으로 사는 것이 정상이다

사람은 누구나 최고 정상에서 살기를 원한다. 최고 정상에 올라가고 그곳에서 영원토록 살기를 원한다. 그런데 사실 최고 정상은 장소가 아니다. 그것은 삶의 자세이며 태도다. 어떤 사람이 최고 높은 위치에 있다고 해도 그 사람의 자세와 태도가 그 위치에 맞지 않으면 사실은 해악만 끼치게 된다. 그래서 성공학자들은 자세와 태도에 대해서 강조한다. 자신을 사랑하는 마음의 자세와 태도가 다른 사람에게도 동일하게 적용되는 것이 가장 중요하다.

자기를 객관화시키는 확신으로 살고 있는 사람만이 진짜 정상에서 살고 있다. 자신을 객관화시키는 확신! 이것이 사실 우리에게 가장 필요하고 가장 중요하다. 내가 알게 된 어느 회사의 정수기 옆에 다음과 같은 글이 붙어 있다. 나는 이 글을 그 회사에 처음 들어가는 그 순간 본 다음 누가 붙여 놓았는지 모르지만, 잘했다고 생각했다. 이 순간 그 내용과 연결해서 나눌 것이 있다고 생각한다.

●성공의 사다리

"성공은 하고 싶은 사람만이 할 수 있고

1등을 하고 싶은 사람만이 1등을 할 수 있다."

성공은 하나의 시스템이라고 생각할 수 있는데 다음과 같은 성취의 사다리(The ladder of achievement)라는 게 있다.

0%-나는 할 생각이 없다.
10%-나는 할 수 없다.
20%-나는 방법을 모른다.
30%-나는 할 수 있었으면 좋겠다.
40%-도대체 무엇일까?
50%-나는 할 수 있을지도 모른다고 생각한다.
60%-나는 할 수 있을지도 모른다.
70%-나는 할 수 있다고 생각한다.
80%-나는 할 수 있다.
90%-나는 하겠다.
100%-나는 했다.

모든 일에 대해 0%에서 100%까지 가는 도중 각 단계마다의 생각에 참 많은 차이가 있다고 생각합니다.
여러분은 이 사다리 중 어디쯤 가고 있는가?
한번 자문해 보시길 바랍니다.

그렇다! 미래의 시점으로 보면서 '나는 했다.'라고 확신한 사람, 이 사람은 이미 성공한 사람이다. 자신을 객관화시키는 확신이란 자신이 누구이며 무엇을 위해 이 땅에 살고 있는지를 알 뿐만 아니라 자신에게 부여된 사명을 완수할 수밖에 없다는 그런 확신을 의미한다. 사실 그런 확신은 미래의 시점으로만 볼 때 생기는 것이다. 그러므로 확신의 사람은 미래의 시점에서 현재를 보며 살아가는 사람이라고 말할 수 있다. 미래의 시점에서 현재 성공했다는 확신으로 사는 사람은 이미 정상에 서 있는 사람이다.

과거를 보았기 때문에 미래를 볼 수 있다. 그리고 미래의 시점에서 현재를 보며 살아가는 사람만이 정상에서 살 수 있다. 우리가 잘 알고 있는 성경의 인물 중 다윗이 바로 그런 사람이다. 그는 자신의 과거에 있었던 승리의 관점에서 골리앗을 보았다. 그래서 물매 돌만으로도 골리앗을 이길 수 있었다. 사울에게 죽임을 당하지 않으려고 도망을 쳐서 '아둘람'이라는 굴에서 '원대한 꿈'을 키울 수 있었던 것도 미래의 시점에서 현재를 보았기 때문이다. 당시 도망쳐 왔던 '시대의 버림받은 자들'과 함께 미래의 왕국을 꿈꿀 수 있었던 비결이 무엇이었는지를 잊지 말아야 한다. 다윗이 위대한 왕국의 위대한 성군이 될 수 있었던 비결은 바로 과거-현재-미래가 어떤 관계로 연결되어 있는지를 보았기 때문이다.

당신은 지금 어떤 환경에 처해 있는가? 이 글을 쓰고 있는 나도 죽고 싶어도 죽을힘이 없고 자살하고 싶어도 자살할 수 없는 그런 환경을 경험했었다. 아니 지금도 내가 가장 사랑하는 사람들이 고통당하며 신음하고 있기에 나 역시 고통당하며 신음하는 가운데 있다. 내 혈족 가운데, 내가 속한 공동체 가운데, 그리고 내가 알고 있는 사람들 가운데서 신음이 지금도 흘러나온다. 그러나 나는 사랑하는 사람들에게 좌절하지 말고 현재를 보라고 격려한다. 왜냐하면 나는 그 사람들의 과거를 보았고 그 사람들의 미래를 볼 수 있는 눈이 있기 때문이다. 나는 그 사람들의 미래가 얼마나 찬란한지를 보기 때문에 결단코 실망하지 않는다.

미래의 시점에서 확신으로 살아야 한다. 그렇게 사는 사람만이 진짜 황금열매를 따 먹었다는 역사의 증명을 잊지 말자.

9. 확신은 긍정을 본다

확신과 불신 사이는 큰 차이가 있는 것처럼 보인다. 그러나 사실 그 사이는 실제로는 매우 미미하다. 실제로는 단지 1%의 생각이 어느 쪽으로 가 있느냐 하는 것이다. 1%가 긍정으로 갈 때 확신이 되고, 1%가 부정으로 갈 때 불신이 된다.

사람은 누구나 '생각의 시소'를 운영한다. 이런 점에서 모든 사람은 '자기 생각의 CEO'다. 긍정과 부정을 양극으로 하는 시소 사이에서 어떤 쪽에 생각을 더 두느냐에 따라 인생과 나라와 세상의 미래는 달라진다. 성공학자들이 연구한 바에 따르면 확신을 가지고 살았던 사람들은 언제나 긍정을 선택했다고 한다.

어느 신발회사가 맨발로 살고 있는 아프리카 사람들에게 신발을 판매하기 위해 두 사람에게 현지답사를 보냈다. 현지답사를 하고 온 두 사람의 의견은 전혀 달랐다. 한 사람은 이렇게 보고했다.

"그곳에서는 누구에게도 신발을 팔 수 없습니다." 왜 그렇게 생각하느냐고 듣고 있던 상사가 물었다.

그 사람은 이렇게 대답했다.

"그곳에서는 어느 누구도 신발을 신고 다니지 않기 때문입니다."

또 다른 사람은 이렇게 대답했다.

"그곳에서는 모두에게 신발을 팔 수 있습니다." 왜 그렇게 생각하느냐고 듣고 있던 상사가 앞 사람에게 질문했던 것과 똑같이 물었다.

그 사람은 이렇게 대답했다.

"그곳에서는 어느 누구도 신발을 신고 다니지 않기 때문입니다."

두 사람이 보았던 광경은 동일했다. 그러나 내린 결론은 완전히 반대였다. 왜 그럴까? 그것은 바로 그들의 생각이 달랐기 때문이다. 한 사람은 부정적인 생각에 찬성을 던졌고, 또 한 사람은 긍정적인 생각에 찬성을 던졌다.

성공과 실패는 2분의 1이 아니라, 성공과 실패는 51대 49라고 생각한다. 그래서 '2% 부족'이란 말이 유명하다. 그러나 사실은 2%가 아니다. 단지 1%일 뿐이다. 1%를 어느 쪽으로 두느냐에 따라 달라진다. 다시 말해서 모든 사람 안에는 50대 50의 긍정과 부정이 자리 잡고 있다. 그런데 그 각각의 진영에서 1%가 어느 쪽으로 가 있느냐에 따라 생각의 중심은 쏠리게 된다.

약간의 차이가 성공과 실패를 결정한다. 그 약간의 차이란 바로 '생각의 차이'라는 사실을 잊지 말아야 한다. "1%를 어느 쪽으로 가게 만들고 있느냐에 따라 미래는 결정된다."라는 성공학자들의 가르침을 놓치지 말자. 환경은 언제나 긍정과 부정의 요소를 가지고 있다. 그런 환경에서 지금 당신의 1% 생각이 어느 쪽으로 가고 있느냐에 따라 당신의 현재와 미래는 달라진다. 확신한 사람은 언제나 긍정에 1%의 생각을 둔다.

10. 확신이 해답이다

　확신하는 사람만이 문제를 해결한다. 세상의 모든 난제는 확신한 사람들에 의해서만 해결되었다는 것을 명심하라. 우연히 문제를 해결한 것 같은 경우에도 사실은 그것을 해결한 사람은 확신하고 있었다. 오늘 당신은 어떤 문제에 직면해 있는가? 그 문제를 해결할 수 있음을 확신하라.

　인류 역사에서 문제를 해결하는 지도자들은 언제나 확신하고 있었다. 어떤 상황에도 그들은 그 문제를 해결할 수 있는 확신을 자신들의 마음에 품고 있었다. 그런데 문제를 해결하기 위해서는 가장 먼저 요구되는 것이 있다. 그것은 바로 분별력이다. 확신이 진짜 황금열매를 맺기 위해서는 분별력이 필요하다. 당신이 어떤 확신을 하고 있는가? 그렇다면 먼저 당신이 지금 있는 장소와 일들 그리고 사소한 것들까지 모든 것을 분별해야 한다. 분별을 위해서 좋은 예화가 있다.

　아버지가 아들에게 물이 반만 있는 한 컵을 책상에 두고 물었다.
　"아들아, 너는 이 컵의 물에 대해서 어떻게 말하고 싶냐?"

아버지는 긍정적인 생각을 가르치기 위해서 이렇게 물었다는 것을 아들도 알고 있었다. 자신의 아버지께서 '물이 절반이나 남았네요.'란 대답을 듣고 싶다는 것을 잘 알고 있었다. 그러나 아들은 이렇게 대답했다.

"아버지, 물을 따르는 중인지 물을 마시는 중인지 먼저 말씀해 주십시오."

그렇다. 먼저 그 물이 어떤 과정에 있는지를 정확하게 파악해야 한다. 왜 그런가? 절반의 컵에 물을 따르는 중인지 아니면 물을 마시는 중인지-이것은 큰 차이다. 절반의 물이 중요한 것이 아니다. 그 물이 지금 어떤 과정에 놓여 있느냐가 더 중요하다. 그러므로 분별한 다음 1%의 생각을 어느 쪽으로 놓을 것인가를 결정하라. 확신하며 사는 사람들은 언제나 분별한 다음 자신이 확신해 왔던 쪽으로 그 1%를 놓는다. 분별한 다음 누가 무슨 말을 하든지 확신해 왔던 쪽으로 결정하는 사람은 반드시 황금열매를 따 먹게 되어 있다.

앞에서 신발회사와 관련된 두 사람의 이야기를 통해서 우리가 얻을 수 있는 교훈이 무엇인지를 잊지 말자. 신발을 신고 다니는 사람이 없기에 모든 사람에게 신발이 필요하니 우리 회사는 아프리카에서 대성공을 거둘 수밖에 없다고 생각할 때만 그곳에서 신발을 팔 수 있다. 신발 한 짝도 없는 아프리카 부족민 모두에게 신발이 필요하다는 확신을 갖는 것이 가장 중요하다. 그렇게 확신을 가질 때 그 부족에게 신발을 팔기 위한 '판매 전략'을 세울 수 있을 것이다. 오늘날 아프리카 사람들도 신발을 신고 다니는 것은 부정적인 사람의 보고 때문이 아니라 긍정적인 사람의 보고 때문임을 잊지 말자.

확신의 사람이 위대한 역사를 이룬다. 이 사실을 우리는 여러 곳에서 알 수 있다. 우리에게 잘 알려진 위대한 기업의 CEO들을 보아도 이것은 분명하다. 그들은 모두 확신으로 살아왔다는 것을 알게 된다. <좋은 기업에서 위대한 기업으로>란 책만 보아도 이 사실을 잘 알 수 있다. 지극히 겸손한 사람들인 CEO들은 모두 이렇게 말한다. "우리 회사가 이렇게 위대한 기업으로 발전할 수 있었던 것은 바로 함께 일하는 사람들 때문입니다." 이런 겸손은 바로 '일보다 사람을 우선하는 기업이 위대한 기업으로 발전한다.'라는 확신에서 나온 것이다.

당신의 주위에 파괴적인 생각을 하는 사람들이 있는가? 그 사람들이 창조적인 생각을 하도록 변화시키지 못한다면 당신이 가장 먼저 해야 할 일은 그 사람들과 단절하는 것이다. 당신만이 아니라 당신과 함께 아름답고 위대한 일을 이루려는 사람들도 그런 사람들과 교제를 나누게 해서는 안 된다. 왜 그럴까? 그런 파괴적인 생각을 하는 사람들이 당신과 당신의 사람들에게 '악한 바이러스'를 퍼뜨리기 때문이다.

생각은 바이러스와 같다. 좋은 생각이나 좋지 못한 생각이나 모두 무섭게 퍼지는 것임을 명심해야 한다. 당신이 속한 공동체에 좋은 생각만을 지속적으로 하는 사람이 누구인가를 점검하라. 당신이 속한 공동체는 당신과 함께 황금나무를 키워 나갈 수 있는 사람이 필요하다. 그 사람과 함께 끝까지 나아가라. 황금열매를 딸 때까지. 그러나 반대의 사람이 있다면 어서 속히 그 사람을 공동체 밖으로 내몰아라. 악한 생각을 하는 그 사람이 바로 중세의 페스트를 퍼뜨린 쥐와 같기 때문이다.

당신의 삶에서 부정적이고 파괴적인 생각으로 살아가는 사람이 사라져야 한다. 그런 사람과 함께 살아서는 당신은 결코 황금열매를 딸 수 없기 때문이다. 그런 사람은 당신의 황금나무에 열려있는 열매들이 황금빛으로 변하는 것을 확신하지 않는다. 그런 사람들은 당신의 황금열매에 벌레들을 붙이고 있다. 그러므로 어서 속히 파괴적이고 부정적인 생각으로 살아가는 사람들과 과감하게 결별하라.

11. 확신은 창조적이다

 확신에는 두 종류가 있다.
 창조적인 것과 파괴적인 것으로 나눈다.
 내가 이렇게 정리하는 것은 단순한 이론이 아니다. 이것은 수많은 책을 보고 수많은 사람을 만난 경험의 산물이다. 물론 역사 가운데서 성공한 사람들을 연구했던 선배들의 말이기도 하다.
 확신이라고 해서 모두 좋은 것은 아니다. 생각에도 긍정적인 것과 부정적인 것이 있다. 그런 두 면이 지속될 때 확신한다고 이미 말했다. 긍정적인 생각이 지속되면 창조적 확신이고 부정적인 생각이 지속되면 파괴적 확신으로 자리를 잡는다. 전자는 가지는 사람이 많을수록 좋다. 그러나 후자는 가지는 사람이 많을수록 좋지 않다. 전자는 강할수록 좋지만, 후자는 강할수록 좋지 않다.
 파괴적인 확신으로 살아가는 사람은 자신의 이익만을 추구하며 모든 것들을 수단으로 삼고 살아가는 사람이다. 파괴적 확신이 얼마나 무서운 악인지를 알아야 한다. 어느 책에서 "파괴적 부채는 정말 무서운 것이다."란 글을 보았다. 사실 그렇다. 그러나 이것보다 더 무서운 것이 '파괴적 확신'이다. 자신을 불신하는 사람은 다른 사람에게 막대한 영향을 끼치지만, 다른 사람을 죽이기까지는 하지 않는다. 그러나 파괴적인 확신으로 살아가는 사람은 다른 사람을 죽이는 것도 서슴없이 한다.

나는 청소년 시절 수많은 사람들을 죽였던 '전쟁영웅들'의 전기를 읽는 데에 많은 시간을 할애했다. 그런 전기들을 읽은 다음 나폴레옹과 같은 사람들이 갖고 있었던 확신이 무엇인지를 알게 되었다. 수많은 전투에서 젊은이들의 생명이 사라져 가는 장면을 보면서도 나폴레옹과 같은 자들은 눈 하나 깜박거리지도 않았다. 젊은 생명들이 사라지는 것을 당연하게 여겼던 것은 무엇 때문일까? 그것은 다른 사람들을 자신들의 목표를 달성하기 위한 '하나의 수단'이라고 확신했기 때문이다.

나폴레옹과 같은 전쟁영웅들은 다른 부족이나 민족, 그리고 국가들을 파괴하면서도 그것을 좋은 것이라고 확신했다. 파괴가 발전을 가져온다고 확신했다. 대적들의 진영을 초토화하고 그곳에 자신들의 목표를 이루는 것만이 최고라 확신했다. 한마디로 말해서 파괴적 확신으로 살았던 전쟁영웅들은 사람들의 목숨을 파리 목숨처럼 여겼다. 그들은 적국의 문화들을 쓰레기처럼 취급했는데 이런 행동들은 바로 그들의 확신에서 나온 결과였다.

나는 또한 연쇄살인범들에 관해서도 연구했다. 수십 명 혹자는 수백 명을 살해하기도 한 그들에게 보이는 공통적인 점은 그들이 파괴적인 확신을 하고 있다는 점이다. 연쇄살인을 하는 이유에 대해서 그들은 확고한 확신을 하고 있다. 자신이 살인했던 사람들은 죽어도 마땅한 사람이고, 자신은 정당한 살인을 했다고 확신한다.

우리는 흔히 '디딤돌과 걸림돌이 있다.'라는 말을 듣는다. 나를 포함해서 우리가 만나고 있는 모든 사람이 디딤돌이 된다면 얼마나 좋을까. 그러나 실제로는 걸림돌이 있음을 부인할 수 없다. 명심해야 한다. 디딤돌과 걸림돌은 동시에 한곳에 있어서는 안 된다는 것을 말이다. 당신이 디딤돌로 있는 곳 옆에 걸림돌로 있는 사람이 함께 있다면 당신 역시 걸림돌처럼 취급을 받게 된다. 결국 당신 역시 디딤돌의 역할을 감당하지 못한다. 그러므로 걸림돌이 되는 사람과 함께 있어서는 안 된다. 파괴적인 확신으로 사는 사람은 걸림돌이다. 그 돌은 사라져야 할 돌임을 명심하라. 그런 걸림돌과 같은 사람들이 당신과 함께 있게 해서는 안 된다.

창조적인 확신을 가진 사람답게 말하고 행동하는 사람이 되어야 한다. 그리고 그런 사람들과 함께 나아가야 한다. 부정적이며 파괴적인 확신을 가진 사람들은 결코 아름다운 황금열매를 맺힐 수 없다. 인류를 보다 풍요롭게 만든 사람들은 모두 창조적 확신으로 살았다는 사실을 놓치지 말아야 한다. 당신이 창조적 확신으로 살아야 하고 당신과 함께 있는 모든 사람이 당신과 동일한 그 확신을 하고 있어야 한다. 그때에만 당신이 속한 공동체에 아름다운 황금 열매를 주렁주렁 열릴 것이다.

창조적 확신을 가졌던 대표적인 사람들을 닮아야 한다. 인류에게 생명을 선사하고, 꿈을 나누며 살았던 사람들을 닮아야 한다. 오늘도 당신이 창조적 확신으로 살아야 한다. 그리고 당신 주위에도 당신처럼 살려는 사람들만 있어야 한다. 창조적인 확신이 세상에서 가장 중요한 보물임을 잊지 말자. 당신이 이 확신만 가지고 있다면 이제 우주는 당신 때문에 더 아름답게 될 것이다. 아니, 지금, 이 순간에도 우주는 당신의 창조적 확신 때문에 더욱 아름답게 변하고 있다. 당신의 창조적 확신이 세상을 아름답게 변화시키는 열쇠다. 그러므로 창조적 확신을 이 순간에도 갖자.

창조적 확신을 가진 사람은 이 세상을 떠나는 그 순간 이런 기도를 할 수 있을 것이다.

신이시여!
제가 이 세상을 떠나는 이 순간
저 때문에
이 세상이 보다 아름다워졌음에
정말 감사합니다.

12. 확신이 용기다

창조적 확신으로 세상을 변화시키는 사람이 되어야 한다. 이런 사람이 바로 진정한 리더다. 세상은 리더를 원하고 있다. 리더란 누구일까? 수십 년간 리더에 관하여 연구한 다음 나는 리더를 이렇게 정의하게 되었다.

리더란
선한 목표를 이룰 것을 확신하여
용기 있게 나아가는 사람이다.

내가 보았던 책들과 만난 사람들이 가르쳐 준 귀한 메시지가 있다. 그것은 다음과 같다.

용기 있는 행동은
또 다른 용기 있는 행동을 낳는다.
용기란
두려움이 있음에도 불구하고
그 두려움으로부터 일어나

자신이 목표한 곳을 향해 나아가는 행동이다.

진정한 리더는 두려움이 없는 사람이 아니다. 두려움이 있지만 그것을 이겨낸 사람이다. 지금 직면한 역경을 이겨내고 자신의 목표를 향해 전진할 수 있는 용기를 가진 사람이 진짜 리더다. 그런데 이런 용기를 가질 수 있는 것은 자신의 목표가 성취될 것을 확신할 때 가능하다. 그러므로 결국 목표의 성취에 대한 확신이 용기 있는 리더로 살게 만드는 것이다. 나는 진짜 용기가 확신으로부터 나온다는 것을 수많은 위인을 통해서 알게 되었다.

창조적인 확신으로 사는 사람이 진짜 용기 있는 사람이며 이런 사람이 자신을 알고 있는 수많은 사람에게 용기를 선물한다. 현재 세상에서 볼 수 있는 가장 용기 있는 대표적인 사람으로 닉 부이치치(Nicholas James Vujicic)를 생각할 수 있다. 그의 이름을 인터넷에 치면 이렇게 나온다.

1982년 12월 4일 오스트레일리아 출생.
그리피스대학교 회계학, 재무학 학사.
사지 없는 인생(대표).

그는 팔다리가 없이 '행복을 전하는 전도사'로 유명하다. 그는 항상 이렇게 말한다. "나는 행복합니다." 아주 작은 왼쪽 발만 가지고 태어난 부이치치는 태어나서 절망을 먼저 배웠다. "나는 8세에 삶을 끝내고 싶었습니다." 그러나 그는 자신의 작은 왼쪽 발로 자신에게 있는 삶의 유익을 찾았다.

"나는 내가 대학 다닐 것이라고도 생각하지도 못했습니다. 사실 난 두려웠습니다. 내게 없는 것들을 생각할 때 너무 두려워 자살을 생각했습니다. 그러나 나는 내게 있는 것으로 세상에서 할 일이 있다는 확신을 갖게 되었습니다."

부이치치는 생각을 고쳐먹고 운동을 즐기고 친구들과 여행을 즐겼다. 그리고 드디어 그는 대학을 졸업했다. 그는 이제 사람들의 존경을 받게 되었다. 자신을 불쌍하게 여기는 것이 아니라 자신을 존경한 사람으로 여기는 수많은 사람들을 만나는 위대한 사람으로 살고 있다.

부이치치를 보면 긍정적인 생각이 지배하는 사람이 황금열매를 딸 수 있다는 것을 잘 알 수 있다. 그는 자신에게 남아 있는 부분을 통해서 위대한 삶을 살 수 있다고 확신했다. 그는 '생각으로도 얼마든지 사람들에게 용기를 줄 수 있다.'라는 것을 잘 보여준다.

'사지 없는 인생'이란 사회단체를 만든 그를 통해서 '창조적인 확신'이 얼마나 큰일을 이루는지를 잘 알게 된다. '외모지상주의'의 현실 속에서 못생긴 외모 때문에 신음하는 사람들에게 그의 삶은 말한다. '진짜 당신의 모습은 당신의 생각입니다.'

부이치치가 위대한 사람으로 변할 수 있었던 것은 사명감 때문이었다. 그는 자신이 이 땅에 있는 것은 자신보다 많은 것을 가지고 있으면서도 절망 가운데 있을 수 있는 사람들에게 '희망과 용기를 주는 사명'을 발견했다. 그리고 그는 세상을 다니면서 '희망의 전도자'가 되었다. 그는 어느 곳에서든지 희망과 용기를 전한다. 그는 작은 왼발로 공을 차고 탁구 치기도 한다. 가장 중요한 것은 부이치치는 자신이 세상 사람들에게 희망과 용기를 줄 수 있다고 확신했고 이제 그 확신대로 살고 있기에 웃고 있다. 그 웃음을 보는 많은 사람들이 용기를 선물로 받고 있다. 이 글을 거듭해서 수정하는 때에 그는 <허그>(Life without Limits)란 베스트셀러 북을 출판하여 수많은 사람들에게 감동을 전하고 있다.

나중에, 그는 심각한 윤리적인 문제로 사람들을 매우 실망하도록 만들었다. 모든 면에서 본이 되는 사람은 참으로 귀하다. 아무튼,

당신도 확신하라.
당신을 통해서도 희망과 용기가 세상에 퍼질 수 있다는 것을.

13. 확신이 꿈이다

꿈을 꾸고 있는 사람만이
다른 사람도 꿈을 꾸게 만든다.

지금까지 살면서 꿈에 대하여 정리하면서 얻는 귀한 명제다. 사람들이 흔히 말하는 그 꿈이란 바로 사실상 확신이다. 그렇다! 창조적 확신만이 진정한 의미로 꿈을 나누는 사람으로 살 수 있게 만든다. 당신 역시 꿈을 나눌 수 있는 사람으로 이 땅에 태어났다는 것을 확신해야 한다. 당신을 통해서도 세상 사람들이 희망과 용기를 선물로 받을 수 있다는 것을 확신하라.

확신만이 변화시킨다.
돈이 아니라
확신이 세상을 변화시키고 있다.
명예와 권력이 아니라
확신이 세상을 변화시키고 있다.
지금도 세상이 이처럼 아름다운 것은
바로 확신으로 살고 있는 사람들 때문이다.

확신은 세상을 변화시킬 수 있는 열쇠다.
확신으로 살고 있는 사람이 세상의 주인공이다.

내가 가슴에 새겨놓은 이런 말들 때문에 나는 오늘도 힘차게 살아가고 있다. 물론 여기서 말하는 확신은 '좋은 확신, 즉 창조적 확신'을 의미한다.

우리는 오늘날 '패러다임의 전환이 필요하다.'라는 말을 자주 듣는다. 패러다임이란 '틀'을 말한다. 패러다임의 전환이란 기존의 틀을 새로운 틀로 바꿔야 한다는 의미다. 사실 성공의 삶에 가장 필요한 것이 바로 '사고의 패러다임의 전환'이다. 정말 그렇다! 생각 패러다임의 전환이 없이는 성공의 삶이란 불가능하다. 그러면 어떻게 생각 패러다임의 전환이 가능할까? 그것은 결코 쉬운 일이 아니다. 왜 그럴까? 사실상 생각 패러다임이 바로 확신이기 때문이다. 생각 패러다임의 전환이란 고정된 생각의 전환을 의미한다. 여기서 말한 '고정된 생각'이란 확신을 의미한다.

삶은 생각의 반영이다. 생각이 의식적이든 아니면 무의식적이든 간에 반영되는 것이 삶이다. 그러므로 생각이 중요하다. 그리고 지금, 이 순간 당신의 '생각하는 것'을 결정하는 것은 당신의 '생각의 틀'이다. 그 틀이 바로 당신의 '확신'이다. 당신이 생각하고 있는 것들을 정리해 보아라. 일정한 틀이 있음을 발견하게 될 것이다. 그 틀은 쉽게 깨어지지 않는다. 만약 당신 생각의 틀이 좋은 것이라면 깨뜨릴 필요가 없다. 그 틀을 더욱 튼튼하게 만들어야 한다. 그러나 그 틀이 좋지 않다면, 이 순간 깨뜨리고 다시 만들어야 한다. 당신 생각의 틀을 깨뜨리고 다시 만들 수 있는 사람은 오직 당신뿐임을 잊지 말아야 한다.

역사를 움직인 위대한 사람들을 연구했던 성공학자들은 놀라운 사실을 발견하게 되었다. 그것은 바로 이것이다.

새로운 것에 대한 확신만이
기존의 생각 패러다임을 전환시킬 수 있다.
그러므로
새로운 확신을 가지는 것이
성공의 첫걸음이다.

'새로운 확신'이 무엇인지에 대해서 당신은 잘 알고 있다. 그것은 바로 '창조적 확신'이다. 당신의 가슴에 새겨 있는 그 확신을 이 순간에도 다시 점검해 보라. 다음과 같은 확신이 새겨 있는지를 말이다.

나는 행복한 사람으로 세상에 태어났다.

나는 지금 성공의 사람으로 살고 있다.

나는 많은 사람을 나처럼 '행성회사의 사장'으로 만들 수 있는 능력과 재능이 있다.

나는 내가 심었던 황금씨앗이 나무가 되어 열매를 맺고 있으며 그 열매들이 황금빛으로 지금, 이 순간에도 변하고 있다.

나는 다른 모든 사람도 나처럼 행복하게 태어났고 성공의 길을 가야만 하고 함께 황금열매를 따야 한다고 생각한다.

나는 다른 사람들 역시 나와 함께 황금열매를 딸 수 있도록 도울 수 있는 실재적인 능력이 있다.

위의 내용들을 확신하고 있는가? 이런 확신이 창조적 확신임을 잊지 말자. 당신 기존의 확신이 창조적인 것이라면 날마다 그 확신은 자라가야 한다. 그런데 만약 당신의 확신이 창조적인 것이 아니라면 어서 속히 창조적인 확신으로 바꿔야 한다.

사고의 패러다임이 확신임을 안다는 것이 얼마나 중요한지 모른다. 그리고 당신 주위에 있는 모든 사람의 생각 패러다임이 쉽게 변할 것이란 기대는 하지 말라. 가장 중요한 것은 당신 역시 '희망의 전도사'로 살 수 있다는 점이다. 당신의 창조적 확신이 수많은 사람들에게 용기를 선물하고 그들을 꿈꾸는 사람들로 살 수 있게 할 것이다. 확신이 있는 사람은 꿈을 나눈다.

14. 확신은 망원경이다

　확신은 망원경이다. 우리의 눈으로는 볼 수 없는 수많은 것들을 볼 수 있는 망원경이다. 확신만 있으면 우주의 끝도 볼 수 있다. 확신만 있으면 영원의 세계도 볼 수 있다. 확신만 있으면 인류의 미래도 볼 수 있다. 확신은 눈으로는 볼 수 없는 것들을 볼 수 있는 '가장 거대한 망원경'과 같다.

　우주의 신비를 보기 위해서는 새로운 망원경이 필요하다. 우주의 깊은 곳까지 볼 수 있는 망원경이 발명되었다. 우리 눈으로는 우주의 까맣게 보이는 부분이 X-선, 자외선, 적외선, 그리고 감마선 등으로 보면 전혀 다르다. 대자연에 우리가 보지 못한 수많은 것들이 있다는 것을 알게 되었다.
　우리가 보통의 망원경으로 볼 수 있는 블랙홀 안을 특별한 망원경으로 보면 '초대질량 블랙홀'이 있다. 그것의 크기는 태양보다 3백 배가 되는 규모다. 그리고 우리가 보고 있는 은하계도 천억 개의 은하계 중 하나다. 확신이라는 망원경은 눈으로는 볼 수 없는 영원 속에 있는 '초대형의 황금열매'를 볼 수 있다.

우리의 눈으로는 볼 수 없는 수많은 것들이 있음을 인정하는 것에서 '생각의 법칙'도 시작된다. 생각 역시 우리가 알지 못한 수많은 것들을 소유하고 있다. 생각은 놀라운 힘이 있다. 생각과 연결해서 뇌를 연구한 사람들의 이야기를 들어보라. 뇌는 '소우주'라고 말한다. 그리고 그 '소우주는 어떻게 생각하느냐에 따라 다르게 형성된다.'라고 말한다. 뇌만이 아니라, 우리의 몸도 그렇다. 그리고 우리의 환경 역시 우리의 생각에 따라서 결정된다.

생각은 더 나아가 우리의 미래까지 결정한다. 나는 이 글을 마지막으로 수정하는 이 순간에도 서로 가장 존경하며 사랑하는 사람들과 함께 남은 생애를 보내게 될 것을 확신하고 있다. 내가 이렇게 확신하고 있는 것은 우리가 현재 생각하는 것과 그 생각을 표현한 말이 우리 자신이 살고 있는 환경도 결정하고 있다는 것을 알았기 때문이다. 생각과 말이 우리 주위의 모든 것에 절대적인 영향을 주어 그것들을 형성시키기 때문이다. 곧 생각이 현재이며 미래인 것이다.

확신이란 망원경으로 모든 것을 볼 수 있어야 한다. 당신 자신을 확신의 망원경으로 보라. 그리하면 당신이 진짜 누구이며 무엇을 할 수 있는 사람인지를 알게 된다. 확신이란 망원경으로 다른 사람을 보면 그 사람의 진짜 모습을 알게 된다. 확신의 망원경으로 보는 세상은 눈으로 보는 세상과 완전히 다르다. 많은 사람들이 세상을 보며 비관에 빠진다. 자신의 환경 때문에 심지어 자살하는 사람도 생긴다. 그러나 확신의 망원경으로 보면 세상은 얼마나 아름다운지 모른다. 세상은 처음부터 아름답게 시작되었고 지금도 아름답게 진행되고 있으며 미래에도 아름답다는 사실을 확신의 망원경은 명확하게 보여준다. 확신의 망원경은 인생이란 너무나 아름답다는 사실을 보여준다.

확신의 망원경은 X-선 망원경 그리고 자외선이나 감마선 망원경이 보여준 것처럼 세상을 아름답게 보여준다. X-선 망원경으로 볼 수 있는 세상은 우리의 눈으로 보는 세상과는 전혀 다르다. 태양을 X-선 망원경으로 보여준 광경을 TV에서 보면서 정말 너무나 다르다는 것을 알고 경탄했다. 우리의 눈으로 볼 수 없는 세상을 자외선으로도 보면 너무 다르다. 자외선으로 볼 수 있는 세상이란 무지개의 보라색 넘어 새로운 세상이다. 이런 세상은 보통 사람들의 눈으로는 볼 수 없다. 들쥐를 잡아먹는 황조롱이와 같은 종류의 특별한 생명체들이 볼 수 있다. 꿀을 따기 위해 멀리서도 꽃을 찾을 수 있는 벌 역시 자외선을 볼 수 있다. 꽃을 자외선으로 보면 꽃 속에 꿀이 들어있는 것을 볼 수 있다.

"내 사전에는 불가능이란 없다."

알프스산맥을 넘을 때 나폴레옹이 외쳤던 이 말이 당신의 입에서도 나올 수 있어야 한다. 그러나 명심해야 할 것이 있다. 그것은 바로 산을 넘어 사람들을 죽이기 위해서 갔던 나폴레옹의 마음과 정반대의 마음을 품고 이 말을 해야만 한다는 것이다. 나폴레옹은 적국을 멸하기 위해서 '산을 넘어라!'라고 부하들에게 명령을 내리면서 이 말을 했다. 그러나 당신은 산맥 반대편에 있는 사람들을 살리고, 그들을 더 행복하게 만들기 위해서 이 말을 할 수 있어야 할 것이다. 확신의 눈으로 보며 살 때, 알프스보다 더 큰 산을 넘을 수 있는 당신이길 간절히 바란다. 확신의 망원경으로 보는 당신에게는 불가능이란 있을 수 없다. 당신은 이제 정확히 다음과 같이 말할 수 있을 것이다.

신이 선물로 주신 세상을
더욱 아름답게 만들기 위한
우리의 생애 가운데
불가능이란 없다.

15. 확신이 CEO의 자질이다

최고의 CEO로 인정받은 사람들에게는 다른 사람에게는 볼 수 없는 확신이 있다. 확신은 최고 CEO가 될 수 있는 가장 중요한 자질이며 또한 최고 CEO로 살아가는 데에 가장 필요한 요소다.

당신이 사장임을 확신하라.
당신은 회장이 될 수 있다.

이 순간 내가 당신에게 이렇게 말한다면 당신은 어떤 반응을 보일까? 아마 눈이 왕방울로 변할지 모른다. 그러나 당신 자신이 사장임을 확신해야 한다. 그리고 회장이 될 준비를 이 순간부터 해야 한다. 당신은 '행성회사'의 사장임을 가장 먼저 알아야 한다.

당신 자신이 세상에서 가장 위대한 그룹인 행성그룹의 회장이 되어라. "모두가 행성회사 사장이 될 수 있습니다. 그리고 당신도 행성그룹의 회장이 될 수 있습니다." 내가 만나는 사람들에게 나누는 내용이다. '행성'이란 '행복과 성공'의 줄임말이다. 나는 만나는 사람들에게 우리 모두 '행복과 성공 회사'의 사장임을 강조한다. 사실 신은 모든 사람을 행복과 성공 회사의 사장으로 이 세상에 보내셨다. 이 사실을 아는 것이 당신에게 가장 중요하다. 당신은 엄마의 뱃속에서 잉태되는 그 순간부터 행성회사의 사장으로 임명받았다. 신은 당신을 행성회사의 사장으로 살라고 이 땅에 보냈다.

수많은 사람들이 행성회사의 사장으로 살지 못한다. 그 이유는 자신이 그 회사의 사장임을 알지 못하기 때문이다. 아니 행성회사가 있다는 것조차도 모른다. 그래서 많은 사람들이 '불패회사'의 사원으로 인생을 마감한다. 당신은 '불패회사'가 어떤 회사인지 감을 잡았을 것이다. '불행'과 '패배'의 줄임말을. 이 회사에 근무한 사람들은 모두 신이 자신에게 주신 삶을 살지 못함으로 불만족의 늪에 빠져 있다. 불패회사의 사원으로 인생을 마감할 것인가? 아니면 행성회사의 사장으로 인생을 새롭게 살 것인가? 지금, 이 순간에도 선택은 바로 당신의 몫이다.

당신이 행성회사의 사장으로 지금, 이 순간부터 살 수 있다. 당신의 생각을 바꿈으로 인해서 말이다. 그러나 나는 당신이 행성회사의 사장으로만 만족하지 않길 원한다. 나는 당신이 '행성그룹의 회장'이 되길 원한다. 그러면 행성그룹의 회장이 될 수 있는 사람은 누구일까? 그 사람은 반드시 먼저 행성회사의 사장이 되어야 한다. 그리고 다른 행성회사의 사장을 세워야 한다. 명심해야 한다. 행성회사의 사장이 되지 못한 사람은 결코 행성그룹의 회장이 될 수 없음을. 행성그룹은 말단 직원이란 존재하지 않는다. 그렇다고 단번에 회장이 될 수 있는 길도 없다. 이 그룹은 사장과 회장으로만 구성된 독특한 기업이다. 모두 사장 이상으로 구성된 그룹이 행성그룹이다.

당신의 행성회사가 지구상에서 사라지거나 아니면 우주보다 더 클 수 있는 것은 전적으로 당신의 생각에 달려 있다. 남이 당신을 어떻게 생각할지 몰라도 적어도 당신만은 당신 자신을 '우주의 사장'이라고 생각하며 살아야 한다. 자신을 사장이라고 생각하며 사는 것이 얼마나 중요한지에 대해서 많은 사람들이 강조해 왔다. 트레이시도 자신의 책 <백만불짜리 습관>에서 '자신을 당신 회사의 "사장"이라고 생각하라. 마치 당신 회사의 지분을 100% 가진 것처럼 행동하라.'고 강조한다.(p.180) 왜 자신을 사장이라고 생각하고 행동해야 하는가? 트레이시는 다음과 같이 설명한다.

"몇 년 전 뉴욕에서 이루어진 한 연구는 3%의 직장인만이 자신을 스스로 고용자로 생각한다는 사실을 밝혀냈다. 이 3%의 사람들은 언제나 더 많은 보수를 받고 더 빨리 승진한다. 이들은 자기 책임감과 자기 주도력을 가진 사람들이다. 회사에 더 많이 기여한 행

동 지향적인 사람들이다." (pp.180-181)

나는 이 지금까지 만난 사람들 그리고 읽은 책들을 통해서 이 말이 사실임을 알게 되었다.

당신의 삶은 당신의 생각만큼만 이루어진다.

지금 어느 곳에서 무엇을 하고 있던지 당신 자신을 '우주의 사장'으로 생각하고 그렇게 행동하라. 우주는 바로 당신이 사장으로 살기를 고대하여 태초부터 지금까지 존재해 왔다. 우주의 사장으로 생각하며 살았던 데일 카네기, 나폴레온 힐, 에디슨, 아인슈타인, 그리고 수많은 사람들은 이미 떠났다.

그리고 계속 글을 보며 교정하는 2011년 가을 스티브 잡스도 떠났다. 2024년에는 지미 카터도 떠났다. 이제 우주의 사장으로 살 사람은 다름 아닌 바로 당신이다.

16. 확신은 자신이 되는 것이다

남이 되지 말라. 당신 자신이 되어라. 다른 사람처럼 살려고 하지 말라. 다른 사람의 자리에 앉으려고 하지도 말라. 다른 사람이 하는 일을 부러워하지도 말라. 당신 자신으로 살아라. 당신의 자리에 있어라. 당신이 제일 잘할 수 있는 것을 계속하라. 그런 가운데 당신을 만나는 사람들을 행복하게 만들어라. 그들로 하여금 성공의 길을 가도록 도와라. 많은 사람들이 누군가 자신을 도와주길 원하고 있다. 행복과 성공의 사람으로 사는 것이 무엇인지를 모르는 사람들이 너무 많다. 그 사람들을 행복하게 만들 수 있는 사람이 되어야 한다. 그 사람들을 성공하도록 도울 수 있어야 한다. 당신이 먼저 행복하고 성공의 사람으로 살면서 말이다.

"행복은 성적순이 아니다." 이 말에 속지 말아야 한다. 실제로 세상의 행복은 성적순이다. "더 이상 개천에서는 용이 날 수 없다." 이 말이 바로 현 세상을 잘 보여주고 있다. 그렇다! 행복은 성적순이 되어 버렸다. 이것이 바로 오늘날 우리가 직면하고 있는 가장 큰 비극이다. 그러나 실망하지 말자. 고등학교의 좋은 성적이 좋은 대학을 가게 만들지는 모르지만, 그리고 좋은 직장에 들어가게 만들지는 모르지만, 그것이 행성회사의 사장이 되는 유일한 길은 아니기 때문이다. 세상의 일류 대학도 행성회사가 무엇인지를 가르치지는 않는다. 그래서 당신이 지금 사장으로 취임한 회사가 무엇인지를 대부분 모르고 있다.

당신의 회사는 황금씨앗을 심고 그것에 물을 주어 싹이 나게 하고 그것이 나무가 되어 황금열매를 맺게 하는 최고의 회사다. 당신이 어떤 회사의 사장인지를 항상 기억하라. 당신 회사의 성패는 이제부터 당신에게 달려 있다. 당신이 지금, 이 순간부터 회사를 어떻게 운영하느냐에 따라 당신의 회사는 크게 변하게 된다. 당신의 행성회사가 세계적인 대그룹이 될 것인지 아니면 작은 구멍가게처럼 될 것인지, 그것도 아니면 사라지게 될 것인지는 전적으로 당신에게 달려 있다.

다른 사람을 통하여 당신의 성공을 확대하고 싶은 강력한 소원을 품어라. 가장 성공적인 사람들은 언제나 다른 사람들을 통하여 자신의 성공을 확대하려는 열망을 품고 산다. 다른 사람을 이용하여 성공하라는 말이 아니다. 다른 사람과 더불어 성공하려는 열망을 품어야 한다. 미국의 월마트(Wall Mart) 체인점을 설립한 샘 월튼(Sam Walton)처럼 말이다. 자신의 체인점 사장들을 '백만장자로 만드는 것'이 마트를 창설한 목표라는 월튼처럼 사업을 하는 사람이라면 이런 말을 할 수 있어야 한다.

나는 나와 함께한 사람들을 최고 행복하고
가장 성공한 사람으로 만들기 위해 이 사업을 시작했다.

당신의 삶의 목표는 많은 사람들이 진짜 부자로 살도록 돕는 것이어야 한다. 나는 언제부터인가 사도 바울의 다음과 같은 외침이 나의 외침이길 기도하고 살아가고 있다. 그리고 지금 나는 그렇게 살고 있다고 확신한다.

근심하는 자 같으나 항상 기뻐하고
가난한 자 같으나 많은 사람을 부요하게 하고
아무 것도 없는 자 같으나 모든 것을 가진 자로다.
(고린도후서 6장 10절)

당신도 확신하라. 당신과 함께 살아가는 사람들의 입에서 다음과 같은 말이 나올 것을.

"나는 세상에서 가장 부유한 사람이다."

확신은 자신이 누구인지 알뿐만 아니라 다른 사람들이 누구인지 알게 만든다. 확신 가운데 자신의 삶을 가장 충실하게 살았던 대표적인 인물 중 한 명이 바로 레오 톨스토이다. 이 글을 쓰고 있는 2010년 올해는 톨스토이 서거 100주년의 해다. 수많은 사람들이 톨스토이가 살았던 고장을 방문하고 있다. 나는 톨스토이에 관한 책들 그리고 그가 쓴 책들을 읽고 또한 그에 관한 방송을 들으면서 그 역시 '확신의 사람'이라는 것을 알게 되었다. 그는 가난한 사람들을 자신처럼 정신적으로 부유하게 살 수 있기를 원했다. 그는 서민들의 자녀들을 위한 학교를 만들고, 서민들에게 땅을 나누기 원하고, 그리고 자신의 책도 모든 사람을 행복하게 살도록 돕는 일에 사용하기를 원했다. 이런 톨스토이의 위대한 삶은 바로 그의 확신 열매였다.

톨스토이 역시 앙리 뒤낭처럼 '세상의 모든 사람은 나의 형제'라는 확신을 하고 있었다. 또한 '모든 사람은 나처럼 행복해야 한다.'라는 확신을 가졌다. 이런 확신이 톨스토이를 위대한 사람으로 살도록 만들었다. 당신은 어떤 확신을 하고 있는가? 톨스토이와 같은 확신을 하고 있는가? 그런 확신이 있다면 당신 역시 당신답게 살 수 있다는 것을 이 순간에도 확신해야 한다. 당신이 바로 신의 걸작 중 걸작이기 때문이다.

17. 확신은 열망이다

확신과 관련된 가장 중요한 말은 바로 이것이다.
불타오르는 소망!

그렇다! 확신은 마음에 불타고 있는 소망이다. 이 불은 누구도 끌 수 없다. 왜 그럴까? 그것은 바로 신의 선물이기 때문이다. 아무나 이 불을 가지고 있지 않다. 오직 이 불을 가져본 사람만이 동일한 불을 가지고 있는 사람을 이해할 수 있다. 이 불타고 있는 소망에 대해서 많은 사람이 이야기했다. 나는 수많은 사람들이 불타고 있는 소망이 성공으로 가는 길에 있는 사람들에게 가장 중요한 것으로 가르치고 있는 것을 발견했다. 그래서 나도 불타는 소망을 품고 살기로 했다. 지금 이 글 역시 불타는 소망으로 쓰고 있다. 내 책을 읽고 있는 당신 역시 불타는 소망의 사람이 될 것을 확신하기 때문이다.

불타는 소망을 흔히 열망이라고 말한다. 열망이 얼마나 중요한지에 대해서는 세계의 발명과 발견의 역사를 살펴보면 알게 된다.

모든 발명과 발견은 열망의 열매였다. 나는 오리슨 스웨드 마든의 다음과 같은 말에 전적으로 동의한다.

"하지만 대다수 사람은 열망을 진지하게 여기기보다는 아무 현실 없는 농담거리로 간주한다. 이들은 열망이 신성을 지녔다는 사실을 전혀 모르고서는 하잘것없는 공상이나 터무니없는 낭만이라고 무시한다. 하지만 현대 모든 발명, 발견과 행위는 바로 이 터무니없어 보이는 열망에서부터 시작되었다. 이 같은 간절한 바람이 없었더라면 그 수많은 역경을 이겨내기란 불가능했다."(p.104)

그렇다! 열망은 신성을 지녔다.

신성을 지닌 열망을 품고 노력을 기울이는 것, 그 자체가 바로 꿈을 실현하는 강력한 힘이 된다. 지금, 이 순간 당신 안에 불타는 소망이 있다는 것은 당신 안에 있는 그 황금씨앗이 지금, 이 순간에도 자라고 있다는 증거다. 황금씨앗은 소망의 불에 의해서 싹으로 변하고 나무로 변하며 열매를 맺는다. 당신의 소망이 지금, 이 순간도 불타고 있다면 당신의 황금씨앗은 지금 열매를 맺는 나무로 자라고 있다. 당신은 이 사실을 확신해야 한다. 확신이 열망이라는 사실을 가장 잘 입증한 사람이 베토벤(1770-1827)이다.

베토벤은 귓병이 악화된 1801년, 프란츠 베겔러에게 쓴 편지 중에 "난 운명의 목덜미를 움켜잡고야 말겠습니다. 운명은 결코 나를 완전히 무너뜨리거나 무릎 꿇게 하지 못할 것입니다."라고 썼다. 그 다음 해 쓴 유서에서 다음과 같이 기록했다.

"나 자신을 지탱해 준 것은 예술을 향한 열정뿐이다. 따라서 운명이라 느낀 창작을 다 해내기 전에 나는 이 세상을 떠날 수 없다. 나는 지금 이 고통을 견뎌 내야만 한다, 하지만 모든 것을 인내하며 받아들인다는 것은 힘든 일이다."

죽음보다 더 강한 음악에 대한 열정이 고통 가운데 있는 베토벤을 성공의 길로 이끌었다. 베토벤의 친구인 프란츠 베겔러는 "베토벤은 사랑을 하고 있지 않는 순간은 없었다. 그리고 그것은 늘 가장 열정적인 사랑이었다."라고 말한다. 괴테는 "이렇게 강한 집중력과 풍부한 에너지, 그리고 깨어 있는 의식을 가진 예술가는 처음 본다."라고 평가했다.

음악가에게 가장 중요한 청력을 잃었지만, 열정으로 작곡을 계속했던 베토벤의 일생은 확신이 열정으로 나타나게 된다는 점을 가장 잘 가르쳐 준다. 그의 마지막 말은 이랬다.

"하늘에서는 들을 수 있으리라."

베토벤은 자신의 음악을 들을 수는 없었지만 언젠가는 반드시

들을 날이 있을 것이라고 확신했다. 다른 사람에게 아름다운 선율을 들려주는 사람은 자신도 또한 그것을 반드시 듣게 될 것이라고 확신했던 그는 열정으로 작곡에 몰두했다. 참으로 베토벤은 시종일관 열정이 가득한 확신의 사람이었다.

뿌리가 깊은 나무가 태풍에도 이겨낼 수 있는 것처럼 확신이 있기에 열정에 불타는 사람은 어떤 어려움도 이겨낼 수 있다. 베토벤처럼 말로 표현할 수 없는 그런 고통 중에 있다고 해도 불타는 확신 때문에 일어설 수 있다. 불타는 확신만 있다면 너무 암울한 현실 때문에 중단했던 시를 다시 쓸 수 있고 노래를 다시 부를 수 있으며 그림을 다시 그릴 수 있다. 열망은 모든 역경을 이겨낸다.

당신은 지금 불타고 있는가? 불타는 소망으로 이런 마음을 품고 있는가? "어떻게 하면 최고의 사람으로 살 수 있을까? 어떻게 하면 내 주위에 있는 사람들을 더욱 행복하게 만들 수 있을까?" 불타고 있기 때문에 확신한 것이 아니라 확신하기 때문에 불태우고 있음을 잊지 말자.

18. 확신이 최선이다

나는 확신한다.
그러므로 나는 최선을 다한다.

이것이 바로 성공을 살아가는 사람들이 부르고 있는 또 하나의 노래 가사다. 확신하면 최선을 다하게 되어 있다. 확신한 사람은 결단코 포기하지 않는다. 어떤 상황이 닥친다고 해도 결단코 포기하지 않는 사람은 그 마음에 확신의 씨앗을 심은 사람이다. 확신을 가진 사람은 '도끼를 갈아 바늘을 만든다.'란 속담을 자신의 것으로 삼을 수 있다. 이 속담은 지속적인 노력이 성공의 지름길임을 의미한다. 이 속담은 다음과 같은 사건 때문에 생겼다.

훌륭한 스승을 만나 산에서 공부한 이백은 공부하기 싫어서 스승에게 말도 남기지 않고 산에서 내려왔다. 집을 향해 걷고 있던 이백은 흐르는 냇가에서 바위에 도끼(일설에는 쇠공이)를 열심히 갈고 있는 한 할머니를 만났다.
"할머니, 지금 무엇하고 계세요?"
"바늘을 만들려고 도끼를 갈고 있다."

"그렇게 큰 도끼가 간다고 바늘이 될 수 있을까요?"
"그럼, 되고말고. 중도에 그만두지만 않는다면...."
이백은 '중도에 그만두지만 않는다면'이란 말이 마음에 걸렸다. 생각을 바꾼 그는 할머니에게 공손히 인사하고 다시 산으로 돌아가 학업에 매진하여 중국에서 가장 유명한 문인이 되었다.

지금, 이 순간에도 당신의 열망이 당신이 심어놓은 황금씨앗을 키우고 있음을 확신해야 한다. 지금 당신의 마음에서 소망이 불타고 있다면 당신은 반드시 황금열매를 따게 되어 있다. 이것은 가능성이 아니다. 이것은 하나의 법칙이다. 당신이 그 불타는 열망 그대로 살기만 한다면 당신은 반드시 황금열매를 따게 되어 있다. 간절히 원하고 끝까지 시도하면 도끼도 바늘로 변하게 된다.

진짜 열망하면 반드시 얻게 된다. 왜냐하면 확신한 사람은 노력하기 때문이다. 확신하기에 최선을 다해야 한다. 당신은 날마다 이말을 할 수 있어야 한다. "나는 이것을 확신하기에 지금, 이 순간도 최선을 다하고 있다." 진짜 불타는 소망은 노력으로 나타나게 되어 있다. 최선을 다하는 사람은 누구든지 불타는 소망을 품고 있다. 불타는 소망을 품고 있다고 하면서도 최선을 다하지 않는 사람들이 있을 수 있다. 사실 이런 사람에게 불타고 있는 소망은 진짜가 아니다. 참 소망을 품고 불타고 있다면 그 불은 자연스럽게 최선을 다하는 모습으로 나타난다.

나는 목사로서 사도 바울이 외쳤던 다음의 말을 매우 좋아한다.

"내게 능력 주시는 자 안에서
내가 모든 것을 할 수 있느니라."
(빌립보서 4:13)

내가 이 말을 좋아하는 이유가 있다. 이 말은 '능력을 주신 그분 안에서 최선을 다하고 있다'라는 의미이기 때문이다. 이 말은 사실 사도 바울이 선포했던 다음의 말과 연결되어 있다.

"푯대를 향하여
그리스도 예수 안에서
하나님이 위에서 부르신 부름의 상을 위하여 좇아가노라."
(빌립보서 3:14)

사도 바울이 '좇아가노라'라고 말한 단어가 바로 최선을 다하여 살아간다는 의미이다. 사도 바울은 자신에게 준비된 상을 위해서 최선을 다해 살았다.

최선을 다하고 있다면 황금열매를 확신하라. 당신이 심은 씨앗이 나무가 되고 그 나무에 황금열매가 주렁주렁 맺힐 것을 확신하라. 바울은 신이 준비해 놓으신 그 상이 자신에게 반드시 주어질 것임을 확신했다. 그 확신 때문에 죽음을 각오하고 자신의 사명을 완수하기 위해 예루살렘으로 갔고 나중에 로마에 죄수의 몸으로도 갔다. 바울은 황금열매를 '면류관'으로 표현했다. 그 당시 최고의 영광은 면류관을 받는 것이었다. 올림픽 경기에서 최후의 승자가 최고의 영광의 상징인 면류관을 받았던 것처럼 바울은 예수님께서 다시 오실 때 자신도 '공의의 면류관'을 받게 될 것을 확신했다. 그런 확신을 갖고 바울은 만나는 모든 사람을 이 세상에서 가장 행복하고 가장 부유하게 살 수 있도록 도왔다. 공의란 모두 예수님 가족으로 가장 부유하게 사는 생활이다. 바울은 모두가 자신처럼 부유하게 살도록 최선을 다하면 그날에 자신이 노력했던 것들이 온 땅에 가득하게 되어 나타나게 될 것을 확신했다. 이것이 바로 공의이다. 바울에게 황금열매는 바로 공의였다.

무엇보다 중요한 점은 바울의 확신이 신약 성경의 절반을 기록하도록 만들었다. 그리고 그 확신의 열매인 바울 서신들을 본 사람들 또한 확신 가운데 세상을 이처럼 아름답게 만들었다. 바울의 확신이 세상을 변화시킬 수 있었던 위대한 황금씨앗이었다. 지금도 바울처럼 확신을 갖고 사는 사람은 세상에서 황금열매를 열리게 한다.

19. 확신이 평화다

　성공학자들은 마음의 평화를 중요하게 다룬다. 왜냐하면 마음의 평화가 성공을 부르기 때문이다. 그래서 성공의 시금석은 정상에 올랐을 때가 아니라 바닥에 있는 때에 달려 있다고 말한다. 즉 바닥에 있으면서도 뛸 수 있는 사람은 그 마음에 평화가 있고, 그 마음에 확신이 있다. 어떤 상황에서라도 자신의 미래가 확실하다고 생각한 사람은 가장 처참한 바닥에서도 주저앉지 않는다. 미래를 확신한 사람은 세상에서 가장 낮은 그런 바닥에서도 이전에 그랬던 것처럼 여전히 뛰고 있다.
　마음의 평화란 마음이 조화를 이루고 있다는 말이다. 마음이 균형을 잃지 않고 있다는 의미다. 마음이 균형을 잡고 있기만 한다면 반드시 목표한 곳에 도달할 수 있다. 왜냐하면 균형 잡힌 마음은 모든 정신적 에너지를 하나로 집결시키기 때문이다. 그 에너지로 장벽을 뛰어넘기 때문이다. 마음의 조화가 모든 효율의 비결임을 강조한 마든은 다음과 같이 말한다.

　"평상심이 영원불멸의 조화로까지 발전한다면 그 어떤 재앙이나 두려움도 자신을 해할 수 없다. 평온한 마음은 깊은 바다에서 가만히 균형을 맞추고 있는 거대한 빙산과 같다. 빙산은 거센 파도나 바람이 아무리 후려쳐도 조금의 동요도 없이 그저 빙그레 웃기만 한다. 성난 바다가 제아무리 소란을 피운다 해도 빙산의 저 깊은 곳에서부터 오는 영겁의 평온은 감히 깨뜨릴 수 없다."(p.121)

    시골에서 살았던 나는 어린 시절에 물의 깊이에 대해서 깊은 관찰을 했었다. 물에서 놀고 있는 고기들도 자주 관찰했다. 수심이 깊은 물에서 헤엄을 치고 있는 물고기는 수면에 부는 바람에 전혀 요동하지 않는다. 우리의 마음 역시 더 깊은 '평온의 마음' 속으로 들어가야 한다. 날마다 더 평온의 마음속으로 더욱 깊이 들어가는 사람이 진짜 황금열매를 따 먹을 것이다. 평온의 마음속으로 더 깊이 들어가는 능력이 가장 중요하다.

    다른 방해물은 남이 치울 수 있지만 마음의 방해물은 남이 치워줄 수 없다. 평화를 유지할 수 있는 능력은 남이 주는 것이 아니다. 그 능력은 스스로 습득해야 한다. 나는 평화를 잃지 않는 유일한 비결이 무엇인지를 알고 있다. 그것은 바로 다음과 같은 내용들을 확신하는 것이다.

    나는 행복한 자로 이 땅에 태어났음을 확신한다.
    나는 지금, 이 순간에도 성공의 길을 가고 있음을 확신한다.

나는 내가 지금 겪고 있는 이 어려움도 성공의 열매를 맺기 위해서는 꼭 필요한 것이라고 확신한다.

나는 반드시 성공의 열매를 따서 나누게 될 것을 확신한다.

이런 확신은 당신을 평화의 상태에 있게 할 뿐만 아니라 당신이 알고 있는 사람들에게 평화를 선물하게 된다. 이런 확신은 어떤 환경에서든지 만족하는 사람으로 살게 만든다. 사실 확신이 있으면 어떤 환경에서도 만족할 수 있다. 다른 사람은 만족할 수 없는 그런 환경에서도 스스로 만족할 수 있는 사람은 위대한 사람이다. 최악의 환경에서도 스스로 만족할 수 있는 사람은 그 환경을 바꿀 수 있다. 만족하는 사람으로 끝까지 살아간다면 언젠가는 환경 역시 변하게 되어 있다. 그런 사람은 어느 곳에서나 '인생의 장미꽃'을 피우는 사람이다.

집에서 얼마 떨어지지 않는 곳에 있는 '장미원'을 방문할 때마다 감탄한다. 이전에는 잡초만 무성했던 그곳에 아름답게 피어있는 장미꽃들 때문이다. 다양한 장미가 말로 표현할 수 없는 아름다움을 뽐내고 있는 그 자리만 가면 나는 신의 작품 중에 꽃이 있다는 것 때문에 참으로 감사한다. 다양한 장미가 저마다 다른 아름다움을 품고 있다는 사실을 보면서 장미보다 아름다운 인생이란 꽃의 아름다움에 더욱 감사드린다.

그런데 장미원에서 장미꽃이 피어나는 것은 그 땅과 주위의 환경 때문이 아니다. 장미꽃을 피울 수 있는 장미 나무뿌리가 그 속에 있기 때문이다. 쓰레기에 덮여 보이지 않았던 뿌리들이 생명으로 여전히 그곳에서 살아있었기에 봄이 올 때마다 꽃으로 핀다. 그렇다! 장미는 쓰레기 더미 속에서도 꽃으로 필 수 있다. 당신 역시 쓰레기와 같은 환경 속에서도 아름다운 꽃으로 필 수 있다. 당신 속에 그 꽃나무의 뿌리가 있다면 말이다.

우리는 인간관계 때문에 평화를 상실할 수 있다. 그런가 하면 물질의 상실 때문에 평화를 상실할 수 있다. 혹은 주위의 여러 환경 때문에 평화를 상실할 수 있다. 그러나 세상이 아무리 요동을 친다고 해도, 그래서 잠시 평화를 상실한 것처럼 보일 수 있다고 해도, 생각이 평화와 연결되는 사람은 결코 마음의 평화만은 상실하지 않는다. 잠시 흔들릴 수는 있을지라도 근본과 연결되는 마음 평화는 상실될 수 없다. 그 근본이 바로 생각이며 확신이다.

당신의 평화로운 확신이 뿌리다. 오직 당신의 확신만이 당신의 마음에 평화를 선물한다. 평화롭기에 확신한 것이 아니라 확신하기 때문에 평화롭다. 이것을 항상 명심해야 한다.

20. 확신이 행복의 씨앗이다

행복이란 무엇일까?

모든 사람은 행복하기를 원한다. 그런데 정작 행복이 무엇인지를 모르며 살고 있는 사람들이 너무 많다. 행복이 무엇인지를 모르고 살면서 어떻게 행복할 수 있을까? 물론 소수의 사람은 행복이 무엇인지를 모르면서도 행복하게 살 수 있다. 그러나 행복을 추구하며 남에게 자신처럼 살라고 외치는 사람들은 반드시 행복이 무엇인지를 알아야 한다. 행복이 어떤 것인지를 알 때 우리는 행복을 진정한 의미로 누릴 수 있고 또한 그것을 나눌 수 있기 때문이다.

행복에 대한 오해부터 생각해 보자. 수많은 사람이 쾌락을 행복이라고 생각한다. 그러나 쾌락이 행복은 아니다. 쾌락에 빠진 사람도 얼마든지 불행할 수 있다. 그런가 하면 흔히 '마음의 평온함'을 행복이라고 말한다. 이것 역시 행복의 한 부분일 수는 있지만 행복 그 자체라고는 말할 수 없다. 사실 마음의 평온함이란 지극히 주관적인 것이다. 그러나 행복은 주관적인 것에서만 그친 것이 아니라 그것은 객관적이어야 한다.

행복은 행동하는 것이다. 행복은 성장하는 것이다. 어떤 사람이 행복하다고 할 때 그 사람은 자신의 최고치를 향해 성장하고 있다는 의미다. 그리고 그 사람의 행동 때문에 다른 사람들이 유익을 얻는다는 의미다. 행복은 자신의 독특함을 최고도로 발휘할 수 있도록 점진적으로 성장하는 과정에서 누리는 모든 것들이다. 한마디로 말해서 행복이란 신이 주신 것들을 최고치로 높여가는 과정에서 만끽하는 모든 것들이다. 이 모든 것들은 내 개인의 독특함이 성장하고 있다는 것과 그 성장에 따라 나와 함께 한 모든 사람과 그리고 모든 생명체가 더욱 향상되는 것들을 포함한다.

나는 언제부터인가 이렇게 정의하며 살아왔다.

선이란 신이 계획한 것들이 이루어지는 것.
복이란 그 선에 참여하는 것

참된 행복과 성공은 바로 이 선과 복에 참여하는 삶과 연결되어 있다. 신이 계획한 모든 것들이 이루어지는 과정에 참여할 때 인간은 성장이 있고 아름다운 열매들을 맺을 수 있다. 바로 이런 삶이 진짜 행복한 삶인 것이다. 신의 존재를 믿지 않는 사람이 있다면 이 말을 이렇게 이해해도 좋다. 우주의 조화로운 발전과 함께 발전해 가면서 모든 생명체가 더 아름답도록 살아가는 삶이 행복한 삶이다.

> 확신은 나를 신의 관점으로 보는 것이다.
> 그리고 행복은 자기 자신이 되는 것이다.
> 행복은 자기 일에 최선을 다하는 것이다.

내가 이렇게 정의하고 있는 것에 대해 당신은 동의하는가? 참된 행복은 자신답게 자기 일을 수행함으로 자기 주위에 있는 모든 것들이 자기 때문에 더욱 아름답게 되는 것을 의미한다. 따라서 행복은 '도전하는 삶'과 연결되어 있다. 진짜 행복감은 걱정의 순간이나 지루함의 시간이 아니라 도전하는 그때 느낄 수 있다.

신이 사람에게 복을 주셨다는 것은 그렇게 살도록 결정되어 있다는 것이다. 그렇다! 인류의 성장과 문화의 발전이 바로 신의 뜻이다. 이 뜻과 연결해서 살 때 진짜 행복이 있다. 당신은 이 땅에 사는 분명한 목적이 있다. 바로 신의 뜻을 이루기 위해서다. 이 목적을 따라 살아갈 때 행복은 저절로 생기게 되어 있다. 당신을 행복하게 만드는 것은 신이 주신 그 목적을 이루는 삶임을 명심해야 한다. 이 사실을 알았던 헬렌 켈러는 수많은 장애 속에서도 다음과 같이 외쳤다.

"행복은 있다."

자신 안에서 행복을 발견한 사람만이 행복은 있다고 외칠 수 있다. 자신을 통해서 행복을 보여줄 수 있는 사람만이 행복은 있다고 외칠 수 있다. 이제 당신 역시 다음과 같이 외칠 수 있다.

나는 확신한다.
나는 신의 뜻대로 이 세상에 태어났음을
나는 신으로부터 능력과 재능을 받았음을
나는 보다 나은 삶으로 나아가고 있음을
나는 내 주위의 사람들을 더욱 행복하게 만들고 있음을
나는 내 모든 환경까지도 더욱 아름답게 만드는 주인공임을
나는 이 순간에도 확신한다.

이런 확신으로 지금, 이 순간을 시작한 당신은 이미 행복의 궁전에 들어서기 시작한 것이다. 그리고 다음의 명제를 죽은 그 순간까지 잊지 말자.

행복한 사람만이 남을 행복하게 해 줄 수 있다.
행복한 사람만이 행복한 세상을 창조할 수 있다.

21. 확신이 만능 치료제다

확신은 모든 것을 치료한다.

과거의 상처가 너무 깊어 그것 때문에 괴로워하고 눈물 흘릴 수밖에 없는 존재가 바로 연약한 인간이다. 그러나 과거의 상처가 자신을 이전보다 훨씬 성장시킬 수 있음을 확신해야 한다.

이 글을 교정하는 동안 EBS에서 콜롬비아의 민족 해방군에게 납치당했던 6명의 이야기를 보면서 많은 것을 생각했다. 6년 전에 납치를 당했던 주인공 중 하나인 라이나라는 여자는 그때 자신의 한 부분이 사라졌다고 말하며 눈물을 흘린다. 내가 그녀와 함께 있다면 이런 말을 해 주고 싶다고 생각했다.

첫째로, 자유는 소중하다.
둘째로, 되찾은 자유는 더욱 소중하다.
셋째로, 지금 누리고 있는 자유가 가장 소중하다.

자신이 받았던 과거의 상처에 비례하여 현재 나는 더욱 성숙해 있다는 것을 확신할 때 나는 치료된다. 이 확신 가운데서 이제는 누구보다 위대한 사람으로 살 수 있다. 당신의 과거가 너무 고통스러웠다면 이제는 그것이 주려는 깊은 의미를 자신의 것으로 만들 수 있어야 한다. 당신은 그 과거 때문에 다른 사람은 말할 수 없는 놀라운 이야기를 소유하고 있다. 당신이 경험한 과거가 당신에게 최고의 삶의 한 부분을 선물했다고 확신하라. 당신이 과거에 경험한 그 고통의 정도에 비례하여 당신 삶의 영향력이 나타난다는 것을 확신하라. 과거는 오늘의 당신을 형성했던 한 과정이었다. 그것까지도 당신을 창조적 확신의 소유자로 성장시키기 위한 것임을 이 순간에도 확신하라.

과거의 상처 때문에 현재를 신음하며 사는 사람들에게 가장 큰 도전을 주는 이야기를 나누고 싶다. <좋은 기업을 넘어 위대한 기업으로>*Good to Greatest*에서 가장 기억에 남은 것 중 하나인 '스톡데일 패러독스'(Stockdale Paradox)가 바로 그것이다. 1965년부터 1973년까지 8년 동안 '하노이 힐턴' 전쟁포로 수용소에 갇혀 있던 미국의 짐 스톡데일(Jim Stockdale) 장군이 주었던 교훈은 평생 잊지 못할 것이다. 8년 동안 20여 차례 글로 표현할 수 없는 고문을 당하면서도 그는 마침내 살아남아 수많은 사람들에게 큰 도전을 주고 있다. 그가 짐 콜린스에게 다음과 같이 말했다는 내용을 지금,

이 순간에도 결코 잊지 못한다.

"나는 이야기의 끝에 대한 믿음을 잃은 적이 없었어요. 나는 거기서 풀려날 거라는 희망을 추호도 의심한 적이 없거니와, 한 걸음 더 나아가 결국에는 성공하여 그 경험을, 돌이켜 보아도 바꾸지 않을 내 생애의 전기로 전환하고 말겠노라고 굳게 다짐하곤 했습니다."

스톡데일 장군은 자신이 살아남을 수 있었던 비결에 대해서 짐 콜린스에게 또한 이렇게 말했다.

"현실 속의 가장 잔혹한 사실을 직시하면서도 결국에는 성공할 거라는 믿음, 결단코 실패할 리는 없다는 믿음이다."

나는 이것을 '**비관적 난관주의**'라고 부른다. 현실의 잔혹함을 맛보고 있지만 결국은 성공에 대한 확신을 갖고 사는 사람은 그 확신대로 반드시 된다.

그렇다! 당신은 '비관적 낙관주의자'가 되어야 한다. 과거를 있었던 그대로 받아들이고 확신을 갖고 지그 지글라처럼 다음을 외칠 수 있어야 한다.

좋은 오늘-더 좋은 내일!

오늘이 좋은 이유는 어제가 있었기 때문임을 잊지 말자. 어제의 열매로 오늘이 있기에 내일은 더 좋을 것이라고 확신하며 살았던 사람들만이 내일을 최고 좋은 날로 받았다는 점을 잊지 말자.

무엇보다 어제의 고통을 겪었던 사람들만이 오늘의 고통을 겪고 있는 사람들을 위로하며 고통을 함께 나눌 수 있다. 내가 이렇게 고통을 이길 수 있는 확신에 대해 글을 쓸 수 있는 것도 과거에 고통의 늪에서 신음했기 때문이다. 그리고 그 고통을 이겨냈기 때문이다. 바로 오늘과 같은 좋은 날이 있을 것을 확신했기 때문이다. 그리고 나는 내일이 더욱 좋은 날로 주어질 것을 확신하고 있다. 따라서 나는 최근에 확신 가운데서 다음과 같이 써 보았다.

내일은 반드시
오늘보다 더욱
아름다운 날입니다

내일의 아름다움을
이렇게 확신함은
오늘을 최고의 선물로
받아서 누리기 때문입니다.

잊지 말자. 세상에서 남의 고통을 해결해 줄 수 있었던 사람들은 모두 '상처받았던 치료자'였다는 사실을 말이다. 그 사람들은 모두 **비관적 낙관주의**를 확신했던 사람들이었음을 절대로 잊지 말자.

22. 확신은 미래를 예견한다

확신은 미래를 예견하는 힘이 있다.

앞의 이야기 주인공인 스톡데일 장군처럼 성공의 열매들을 땄던 사람들은 모두 확신 가운데 미래를 내다보며 살았다. 그들은 자신들이 반드시 성공의 황금열매를 딸 때가 다가오고 있음을 확신했다.

나 역시 내 미래가 어떨 것인지를 지금 확신하고 있다. 다른 사람은 내 미래에 대해서 회의적일지 모른다. 그러나 나 자신만은 나의 미래를 너무나 희망적으로 보고 있다. 왜냐하면 나는 미래를 볼 수 있는 확신을 소유하고 있기 때문이다. 내가 오늘 이 글을 쓸 수 있는 것도 바로 내가 확신했던 것들이 현실이 되었기 때문이다. 나는 내 미래가 내 상상대로 이루어질 것을 확신한다. 나 자신이 지금보다 더 성숙해 있을 것을 확신하며 내 자신의 사역 역시 수많은 황금열매를 맺게 될 것을 확신한다.

당신이 전에 꿈꾸었던 일이 이제 현실에서 이루어지고 있음을 확신하라. 당신이 품고 있는 그것이 아무리 오래되었다고 해도 그 꿈이 당신의 것이라면 때가 되면 반드시 이루어질 것을 확신하라.

나는 오늘 "50년 잠 깬 '고릴라 유리' 미 코닝사 망치로도 안 깨지는 강화유리, 터치 시대에 부활"이란 글을 신문에서 보면서 '꿈은 반드시 이루어진다.'라는 사실을 더욱더 확신했다.

50년 전에 발명했던 이 유리는 그때는 수요도가 없어서 창고에 보관할 수밖에 없었다. 그러나 이제 세계 225개 IT 제품의 액정으로 사용되고 있다는 것이다. 한국에서 2010년 올해 2억 5천만 달러의 시장 규모인 이것이 내년에만 해도 10억 달러(약 1조 2천억 원)의 규모가 될 것이라고 한다.

그렇다! 황금은 변하지 않는다. 황금열매도 변하지 않는다. 당신이 심은 황금씨앗이 나무가 되어 황금열매를 맺고 있다고 확신하는가? 그 열매는 지금 익어가고 있으며 때가 되면 먹게 됨을 확신해야 한다. 신은 당신에게도 때에 맞게 황금열매를 따 먹게 하실 것이다. 이것을 확신하라.

나는 나의 때가 반드시 있음을 확신하고 있다.

그래서 나는 내 몸의 건강을 유지하기 위해 다시 운동을 규칙적으로 한다. 80세가 넘어도 내 영역에서 일할 수 있는 몸을 만들기 위해서다. 지금 나는 하루에 팔굽혀펴기와 윗몸일으키기를 300회 이상을 한다. 한번 할 때마다 50번 이상을 한다. 50세가 넘어 한꺼번에 50번 이상의 팔굽혀펴기와 윗몸일으키기를 하는 사람은 드물

것이다. 나도 이것을 처음 시작할 때 상상도 하지 못했다. 그러나 지금은 50번 이상을 거뜬히 해낸다. 어느 때는 100번도 해낸다. 그리고 아침저녁으로 5분 이상 물구나무서기를 하고 있다. 물구나무서기는 이십 년 이상을 해 왔다. 내가 건강을 위해 특별한 시간을 내지 않지만 이렇게 건강할 수 있는 비결이 바로 '나의 때가 오고 있음'을 확신하며 날마다 준비하고 있기 때문이다.

당신의 때가 오고 있음을 확신하라.
당신에게 '고릴라 유리'와 같은 것이 있다면 그것은 반드시 사용될 것이다. 당신이 5년 아니 50년 이상을 기다려야 할지도 모른다. 그렇다고 해도 낙심할 필요는 없다. 당신이 당신으로 드러나며 당신이 하는 그 일이 당신이 원하는 것들을 이룰 수 있다면 5백 년이 걸린다고 해도 기다려야 할 것이다. 황금은 어느 곳에 있든지 황금이다. 황금열매도 마찬가지다. 황금나무에 황금열매가 열려있기만 한다면 그 열매를 따 먹을 때가 오고 있음을 확신하라. 그 열매가 아직은 너무 작고 완전히 푸르다고 해도 그것이 자라며 황금색으로 지금, 이 순간에도 변하고 있음을 확신하라. 당신의 때를 보아야 한다.

지금까지 성취되지 않는 일이 있다면 그것이 성취되지 않는 이유가 무엇인지를 냉철하게 파악해야 한다. 만약 준비가 부족하다면 준비해야 한다. 그런데 무엇이 부족하지 않지만, 아직도 그 일이 성취되지 않는다면 이제 성취될 때가 되었다는 것을 확신하라. 그 일이 분명 나뿐만 아니라 나와 함께 살고 있는 사람들을 이롭게 하는 것이라면 반드시 성취되게 되어 있다. 자다 일어나도 될 수밖에 없다고 생각하고 있는데도 아직도 성취되지 않았다면 오늘 자고 일어나면 성취되어 있다고 확신하라. 오늘 성취되지 않는 것은 내일 성취되기 위한 것임을 확신하라.

저 멀리서는 전혀 열리지 않을 것처럼 보이는 자동문이 적절한 거리에 가면 열리는 것처럼 당신의 문도 열릴 때가 오고 있음을 확신하라. 모두가 불신하고 있다고 해도 당신이 확신하고 있는 것이 있다면 그것을 놓치지 말라. 그리고 지금, 이 순간에도 당신의 때가 오고 있음을 확신해야 한다.

나는 어린 시절 대나무가 꽃을 피우고 있는 것에 대해 친구의 할아버지께서 말씀하신 것을 잊어본 적이 없다. 대나무에 꽃이 피는 것을 이상하게 생각하고 있던 때에 친구의 할아버지는 내게 이렇게 말씀하셨다. "대나무의 꽃은 100년 만에 핀단다. 대나무의 꽃이 피면 봉황이 찾아온다는 전설이 있단다."

확신하라! 당신의 나무에 꽃이 피고 있음을 지금, 이 순간에도 확신하라! 그 꽃이 황금의 꽃이며 황금열매로 변하여 점점 자라고 있음을!

23. 확신이 아름다움이다

나는 운전할 때도 항상 감격하며 감사하며 목적지로 간다.

차를 타고 거리를 다니면서 우리나라의 거리가 이전보다는 훨씬 아름답게 변화되었다는 점을 보며 감사하게 생각한다. 특히 아름다운 꽃들이 만발한 거리를 볼 때면 나도 모르게 감격하여 마음에서 기쁨이 솟아 나온다. 내가 살고 있는 도시인 광명의 전경들도 이전과는 많이 달라졌다. 집 주위에 쳐 놓은 철망들이 사라지고 그곳에 아름다운 돌들이 놓여 있고 그 사이에는 꽃들이 만발해 있다.

그 만발한 꽃들을 보면서 나는 내 자신이 전혀 수고하지도 않았다는 사실 때문에 더욱 감사한다. 내가 전혀 수고하지도 않았는데도 아름다운 꽃들이 피어있다는 사실은 여러 가지를 생각하도록 만들었다. 매일 볼 수 있는 그 꽃들 때문에 감사할 뿐만 아니라 나 역시 꽃을 심어야 할 장소가 있다는 것을 잊지 않았다. 바로 내 마음 곧 생각의 정원에 말이다. 그리고 이 순간 아름답게 꽃을 피울 수 있는 세상을 가꾼 사람들에게 감사하며 내 마음에도 아름다운 것들로 가득하길 소망한다.

당신의 마음에는 어떤 꽃들이 피어있는가? 당신의 '생각의 정원'에는 어떤 꽃들이 만발하는가? 세상의 모든 정원은 다른 사람이 가꿀 수 있지만 오직 한곳만은 당신 자신이 가꾸어야 한다. 바로 '내 생각의 정원'이다. 내 생각의 정원은 나만이 출입할 수 있고 나만이 가꿀 수 있다. 내 마음 곧 생각의 정원을 아름답게 가꿀 정원사는 내 자신임을 잊지 말아야 한다. 또한 그곳에 심을 수 있는 꽃들은 이 세상의 꽃들과 비교할 수 없는 아름다움이 있는 것이어야 한다. 그 정원에 심은 아름다운 꽃들은 이 세상의 돈으로는 살 수 없는 고귀한 가치가 있는 것이어야 한다. 나는 언젠가 이 글을 마음에 써놓고 살아왔다.

생각의 정원에 있는 쓰레기들을 다 치워버리자.
보기 흉한 철망들도 걷어내자.
비관이란 쓰레기들을 치우고
낙담이란 철망을 걷어낸 다음에
소망과 용기를 심자.
미움과 질투 등 온갖 오물들을 씻어 버리고
그곳에 사랑과 관용의 물을 주자.
벌과 나비가 찾아와 꿀을 따게 하자.
새가 가지에 앉아서 노래하도록 만들자.
평화와 성공이 열리는 나무가

그 정원 중앙에 있음을 잊지 말자.
황금빛으로 변하고 있는 그 열매들을 바라보며
많은 사람들에게 나눌 준비를 하자.

당신의 마음에도 이 말이 쓰여 있길 바란다. 그리고 열매들을 나누려고 준비하고 있는 당신의 입에서 지금, 이 순간에도 확신의 노래가 흘러나오길 원한다. 기쁨에 가득 차 있는 확신의 노래가 말이다. 그 노래를 따라 새들도 노래하고 나비들은 춤추는 정원에 평화가 영원히 가득하리라.

생각의 정원은
아름다움의 전당이 될 수도 있고,
더러움의 전시장이 될 수도 있다.
그 선택은 오직 당신 자신뿐이다.

성공학자들의 가르침을 잊지 말자. 당신 자신이 원하는 대로 당신의 생각을 꾸밀 수 있다. 생각의 정원을 가꾸는 일에 최우선을 두어야 할 이유가 있다. 그 이유는 '품고 있는 생각은 그 이미지 그대로 물질세계에서 현실이 되기 때문'이다. 마음속 생각이 삶에 복사되고, 성격에 새겨지는 것이다. 물질세계는 삶 속에, 인격 속에 끊임없이 번역된 생각의 이미지들이다. 오늘 우리가 보고 있는 모든 것은 생각 이미지들의 현실화이다.

확신 가운데 사는 사람들은
절망을 희망으로, 비겁을 용기로,
회의를 믿음으로 대처하는 놀라운 능력을 가지고 있다.

　확신을 갖고 사는 사람들은 다른 사람에 비해서 재능이 떨어진다고 해도 더 많은 것들을 성취할 수 있다. 확신하기에 희망을 갖자. 빛이 어둠을 몰아내듯 진리는 거짓을, 선은 악을, 조화는 부조화를, 낙관은 비관을, 활기는 낙담을, 그리고 희망은 절망을 몰아낸다.
　사랑, 진리, 선, 낙관, 희망, 그리고 조화와 같은 것들을 생각하고 그런 것들을 '생각의 정원'에 가득 채우기 위해서 최선을 다해 노력하자. 다른 사람을 향한 사랑, 박애, 선의, 격려, 그리고 배려 등은 내 자신에게 활기, 건강, 조화, 힘, 그리고 고귀함을 선물한다고 주장한 성공학자들의 말에 귀를 기울이자. 아름다운 확신은 아름다움을 창조하고 아름다움을 선물한다. 확신으로 사는 사람이 최고 미남이며 미녀다. 바로 당신이 그 사람이다.

24. 확신이 건강이다

'건강한 육체에 건강한 정신이 머물게 된다.'

이 말은 사실 맞다. 육체가 건강하지 못하면 정신조차도 건강하지 못할 수 있기 때문이다. 육체의 건강을 위해서 노력하는 것이 정신건강에도 중요함을 부인할 사람은 없을 것이다. 그런데 생각이 성공의 원동력임을 강조한 성공한 학자들은 이렇게 강조한다. "건강한 생각만이 건강한 육체를 가져온다." 이 말은 생각이 몸의 건강을 좌우한다는 의미다. 그래서 마든은 이렇게 외쳤다.

"몸과 정신은 하나이다. 이 둘이 전혀 별개의 존재라는 착각은 인류에게 말할 수 없는 크나큰 손실을 입혀왔다. 뇌세포만이 아니라 신체의 모든 세포가 지능을 갖고 있으며, 각 세포는 나름의 전문 영역을 구축하고 있다. 그리하여 각 세포의 지능이 합쳐져 한 개인의 지능이 형성된다.... 우리 몸의 세포 하나하나를 건강과 조화와 진리와 사랑을 다스리는 신성한 존재로 간주하게 되는 날, 우리는 진정한 정신의 힘을 맛보게 될 것이다."(p.193)

이 책이 기록된 1900년 초에는 모든 세포가 지능을 갖고 있다는 주장은 파격적이었다. 지금은 모든 연구가 세포에 집중되어 있다. 아무튼, 확신이 질병을 치료에 얼마나 큰 힘을 가지는지를 성공학자들만이 아니라 의사들이 증명해 왔다. 평범한 밀가루로 만든 가루약을 먹고 수년 동안 고통당했던 위장병이 치료된 환자가 있었다. 그 환자는 그 약을 지어준 의사가 자신의 병을 완치시킬 특별한 약을 주었다고 확신하며 정해준 기간 동안 정시에 그 밀가루를 복용했다. 사실 그 병을 치료한 것은 의사나 밀가루가 아니라 바로 환자의 확신이었다. "이 약을 정해진 일정한 기간 동안 정한 방법대로 먹으면 반드시 낫게 된다."라는 확신이 그의 병을 고친 것이다.

확신의 방법으로 치료된 무수한 사람들을 마든은 자신의 책 28장 이하에서 소개하고 있다. 마든은 '상상력'이나 '암시'가 몸의 건강에 얼마나 중요한지를 여러 예들을 들어 설명한 다음, 다음과 같이 주장한다.

"건강한 생각이야말로 세상 최고의 만병통치약이다."

건강한 생각이 만병통치약임을 수많은 임상실험은 증명한다. 그러므로 확신하며 걱정하지 말자. 사실 부정적인 생각 중 가장 쉽게 할 수 있는 것이 있다면 그것은 걱정이다. 걱정은 세상 모든 사람이 할 수 있는 가장 쉬운 것이다. 그래서 성공학자들은 실패의 가장 큰 원인이 바로 걱정이라는 점에 만장일치로 동의한다. 걱정은 생산성을 떨어뜨리는 주범이다. 걱정이 바로 생명력을 앗아간다. 그것이 힘을 분산시키고 희망을 빼앗아 간다. 걱정은 외모를 늙게 만들며 또한 정신도 늙게 만든다. 염려, 걱정, 그리고 근심과 같은 것들은 성공의 열매를 맺고 있는 황금나무의 진액을 빨아먹는 흡혈귀와 같다. 그러므로 당신 안에 이런 적들이 한순간도 머물지 못하게 해야만 한다. 당신의 확신이 당신에게 건강을 선물한다. 확신이 불로장수의 명약이다.

물론 확신한다고 해서 모든 질병이 치료되는 것은 아니다. 확신한 가운데 반드시 '건강한 음식 습관과 생활 습관'이 있어야만 한다. 사실 내가 이 글을 쓰기 시작했던 2010년 여름, 나의 혈육 중 한 분은 말기 암으로 병원에서 죽음의 판정을 받았다. 그러나 1년이 지난 후 그분은 말기 암으로부터 치유되고 있었다. 항암 때문에 빠졌던 머리칼도 모두 새롭게 자랐다. 내가 미국의 댈러스에 있을 때 내게 전화하신 그분은 '4개월도 더 살 수 없을 것 같다'라는 말씀을 했다. 나는 그때 확신 가운데 이렇게 말씀을 드렸다. "어느 한 부분을 주님이 만지시기 시작하면 분명히 완치될 것입니다. 어떤 방법으로 만지시는지 그분의 만지심에 민감하게 반응하십시오." 그분은 나와 통화를 마친 후 그 주일 오후에 어떤 할머니를 만났고 그 할머니가 가보자는 곳으로 함께 가서 특별한 제품으로 치유하는 방법을 만나고서 이런 확신을 가졌다고 나중에 내게 말씀하셨다.

"그 할머니를 따라가서 치료를 한 번 받은 다음 나는 확신하게 되었어요. 바로 이것이 나를 위해서 주님께서 준비해 두신 것이라고, 나는 이제 이 방법으로 치료될 것이라고 확신하였지요. 그래서 먹고 있던 항암 약도 던져버렸습니다."

그러나 완치되고 있던 그분은 치료가 시작된 지 2년이 되기 전에 세상을 떠나고 말았다. 그분이 떠난 다음 그분에게 무엇이 문제인지를 나는 나중에 알게 되었다. 바로 새로운 세포가 형성될 수 있는 음식을 충분히 섭취하지 못했던 점이다.

건강을 회복하기 위해서는 공기, 물, 음식, 면역력 강화
이렇게 4가지가 반드시 함께 병행되어야 한다.

그런데 그분은 암에 좋은 공기, 물, 그리고 음식을 적절하게 섭취하지 못해 결국 음식으로부터 오는 영양분과 면역력 결핍으로 세상을 떠나셨다. 그런데 그분이 떠나기 직전 나와 가장 가까이 살고 있는 사람이 암에 걸렸다. 나는 그 사람에게 위의 4가지가 함께 병행되어야 한다는 점을 강조하고 실천하도록 적극적으로 권했다. 그리고 그 사람은 드디어 암으로부터 완치가 되어 지금 건강하게 살고 있다. 나중에 알게 된 사실인데, 그분은 전신 말기 암으로 확산했다. 그분이 자신의 상태를 말해주지 않았기에, 나는 그런 상태를 알지 못한 채 도왔을 뿐인데, 완치된 것이다. 물론 그분이 말기의 암으로부터 완치되었던 것은 건강을 위한 4요소와 함께 '치유에 대한 확신'이 있었다는 점이 가장 중요하다. 그분은 누구보다 강한 정

신력을 소유했고, 신이 자신을 치유하도록 모든 것을 치유 방법으로 주셨다고 확신하며 내가 제안했던 모든 방법을 실천했다.

지금 이 부분은 2025년에 기록한다. 그분은 15년이 되었지만 건강하게 살고 있다. 지난해에 교통사고를 당했는데 뼈들이 심하게 부러졌다. 그런데 수술하지 않고 내가 제안했던 방법대로 실천해서 완치되어 살아가고 있다. 그분이 회복된 비결은 내가 제시했던 건강을 위한 최고 방법들을 선택했기 때문인데, 그런 방법들이 효과를 본 것도 그런 방법들이 자신을 반드시 고칠 것이라고 확신했기 때문이다. 그분의 회복은 그분의 강한 정신력 즉 확신이 초석이었다. 병원에서 8주 진단이 나왔지만, 나는 병원을 곧장 나오도록 했다. 그런데 내가 제시한 방법들을 사용해서 산산조각 난 뼈들이 1달도 되지 않아서 정상이 되기 시작했고 2개월도 되지 않아 거의 완치되었다. 지금, 그분이 수술 없이 온전해졌다는 이야기를 누가 믿겠는가. 그러나 그분을 잘 아는 사람들은 모두 눈으로 보았다.

오늘날, 불치병 연구서에서 많은 분들이 이렇게 말한다.
"불치병의 치료에 있어서 생각이 가장 중요합니다."

확신이 최고의 명약임을 기억하라.

25. 확신이 나눔이다

확신하기에 꿈을 나눈다.
확신하기에 시간을 나눈다.
확신하기에 물질도 나눈다.
확신이 나눔이다.

행복과 성공의 길을 가고 있다고 확신하는 사람은 항상 꿈을 꾼다. 그 꿈은 자신만이 아니라 함께 하는 모든 사람을 만족하도록 만드는 그런 것이다. 이 사람은 자기 행복과 성공을 모든 사람과 나누고 싶어 한다. 이 사람은 자기에게 있는 행복과 성공을 아무리 나누어도 그것이 작아지지 않는다는 것을 알고 있다. 아니, 오히려 그 행복과 성공을 나눌수록 점점 성장한다는 것을 알고 있다.

진짜 행복과 성공의 길을 걷고 있다고 확신한 사람은 자신에게 주어진 모든 것들 때문에 만족한다. 자신이 가진 것이 아무리 작은 것이라도 그것을 소중히 여기며 그것을 발전시키기 위해 최선을 다 한다. 그리고 확신한다. 자신에게 있는 그것이 발전되고 향상되어 세상에서 최고의 것으로 변할 것을. 그것이 자신만이 아니라 자신과 함께 살아가는 사람들을 행복하게 만들 것을.

다른 사람을 행복하게 만드는 귀한 선물도 당신의 마음에서부터 시작된다. 다른 사람을 행복하게 만드는 말들도 역시 당신의 마음에서 시작된다. 다른 사람을 행복하게 만드는 미소 또한 당신의 마음에서 시작된다. 당신이 어떤 마음을 품고 있었는지 그것들이 미소로, 말들로, 그리고 물질로 표현될 뿐이다. 그러므로 당신의 마음에 지금 이 순간 누군가를 행복하게 만들고 싶은 생각을 심고 있다면 당신은 반드시 그 생각의 열매인 황금열매를 그 사람과 나누게 될 것이다.

마음의 부자가 되자.
나눠주고 싶은 마음이 충만한 사람은
반드시 그런 사람으로 살게 된다.

지금 많은 사람들이 돈이나 보석 같은 물질만이 행복과 기쁨을 줄 수 있다는 생각으로 살아간다. '돈이 신이다.'는 사실을 우리는 삶의 구석구석에서 보고 있다. 그러나 돈보다 더 귀중한 것이 마음임을 잊지 말자. 풀잎에서도 아름다움을 발견하고 그 아름다움을 마음에 품고서 '나 역시 누구에게 아름다움이 될 수 있을까.'를 생각하는 그 마음이 더 귀중하다. 세상은 이런 마음으로 살아가는 사람들에 의해서 오늘도 더욱 아름다워지고 있다.

"늘 아름다운 생각을 하는 사람은
아무리 외모가 못생겨도 아름다운 빛을 발할 수 있다."

누군가 이렇게 말했다. 당신은 이 말에 동의하는가? 나는 전적으로 동의한다. 태어나는 순간부터 손과 발이 없고 얼굴은 어그러져 있는 사람도 세상에서 가장 아름다운 빛을 발할 수 있는 영혼을 가질 수 있다. 그 사람이 세상에 빛으로 살겠다는 생각만 가진다면 말이다. 이 말이 사실임을 당신은 닉 부이치치를 보면 잘 알게 될 것이다. 사지가 없다고 해도 확신만 있으면 나눌 수 있다.

보지도, 듣지도, 그리고 말을 할 수 없어도 얼마든지 나눌 수 있다. 자신을 통해서도 나눌 수 있다는 확신만 있다면 말이다. 이 사실을 우리는 헬렌 켈러의 생애를 통해서 분명히 보았다. 가장 먼저 그녀는 자신 안에 신이 계심을 확신했다.

"나는 인생이 사랑 안에서 커 가도록 주어졌음을 믿으며,
꽃의 색깔과 향기 속에 태양이 있는 것처럼
주님이 내 안에 계심을 믿는다.
내 어둠 속의 빛,
내 침묵 속의 목소리이신 주님."

그녀는 자신에게 없는 것들이 무엇인지를 잘 알았다. 그러나 그녀는 자신에게 있는 것 때문에 얼마든지 나눌 수 있음을 확신했다.

"그들은 내 눈이어야 하는 것을 가져가 버렸다.
그러나 나는 밀턴의 낙원을 기억했다.
그들은 내 귀였어야 하는 것을 가져가 버렸다.
베토벤이 와서 내 눈물을 씻어 주었다.
그들이 내 혀였어야 하는 것을 가져가 버렸다.
그러나 나는 어렸을 때 주님과 이야기했다.
주님은 그들이 내 영혼을 가져가지 못하도록 하신 것이다.
영혼이 있으므로 나는 아직 부족함을 느끼지 않는다."

헬렌 켈러는 자신 안에 신이 계시며 자신에게는 영혼이 있기 때문에 얼마든지 나눌 수 있다고 확신했다. 그래서 그녀는 다음과 같이 말하며 세상에서 가장 크고 위대하게 나누며 살았다.

"우리는 자신이 할 수 있는 최선을 다할 때,
우리의 삶과 다른 사람의 삶에
어떤 기적이 만들어질지는 아무도 모르는 일이다."

그러므로 확신이 나눔이다.
'나는 나눠줄 수 있다.'라는 확신만 가진다면
당신 역시 주는 사람으로 살 수 있다.

26. 확신은 이상을 실현한다

　세상이 이 정도로 발전할 수 있었던 것은 모두 이상을 품고 살았던 사람들 덕분이다. 세상은 현실주의자들에 의해서가 아니라 이상주의자들에 의해서 보다 아름답게 변하고 있다.
　예수님은 세상에서 가장 이상주의자였다. 그분은 갈릴리 지방 나사렛이란 촌에서 교육도 별로 받지 못했다. 그분은 30세가 되자 세상에 사랑을 전하기 위해 새로운 삶을 사시기로 결심했다. 그분은 사랑이 세상을 변화시킬 것이라고 확신했다. 그분은 세상의 관점으로 보면 별 볼 일 없는 12명 제자를 선정하셨다. 그리고 그분은 제자들이 자신처럼 이상주의자들로 변할 것이라고 확신했다. 그분은 제자들을 통해서 자신의 이상이 반드시 성취될 것이라고 확신했다. 그분은 사랑의 공동체가 세상에 가득하게 될 것을 확신했다. 그리고 그 이상은 이미 실현되었다.
　오늘날 우리가 그분의 성취된 이상 속에서 살아가고 있다. 교회가 바로 그분의 이상이었다. 그분의 가르침대로 세상 역시 변화되었다. 모든 사람의 인권이 동등하다는 사상이 온 땅에 가득한 것도 사실은 예수님의 이상이 실현된 증거다. 세상의 많은 국가가 복지

국가로 변하고 있는 것 역시 사실은 예수님의 이상이 실현된 증거다. 사랑이 세상에 가득하게 될 것이라는 예수님의 이상은 이미 실현되었고 그 완성을 향해 나아가고 있다.

당신의 이상은 무엇인가? 현실이 아무리 암울해도 이상을 품고 살아야 한다. 미국의 루터 킹 목사님이 "나는 꿈이 있습니다."라고 이상세계를 꿈꾸며 살았던 것처럼 당신 역시 이상세계를 꿈꾸며 살아야 한다. 왜 이상을 품고 살아야 하는가? 그 이유는 이상에는 신성한 힘이 있기 때문이다. 이상은 신이 준 선물이기 때문이다. 당신은 지금, 이 순간에도 이상이 이루리라는 확신을 놓지 않아야 한다. 킹 목사님의 이상과 같은 것을 품고 살았던 사람들이 오늘날 오바마를 미국 대통령으로 만들었다. 오바마가 미국 대통령이 될 것을 이상주의자들은 이미 몇백 년 이전에 알고 있었다. 이상이 현실을 아름답게 만든다는 사실을 잊지 말자. 마든의 다음 말을 가슴에 새기면서 말이다.

"이상을 이루리라 확신하는 습관은
삶이 이상의 실현으로 나아가도록 확고한 방향을 제시한다."

"나는 이 꿈을 이루기 위해 이 땅에 태어났다." 이런 외침이 바로 당신의 것이 되어야 한다. 당신의 꿈은 무엇인가? 혹시 전에는 꾸었는데 환경이 너무 힘들어 꿈꾸는 것을 그만두었는가? 그 꿈을 다시 꾸기 바란다. 마음 깊이 품은 이상, 깨어 있으면서도 꾸는 꿈은 당신의 성격과 인생을 결정한다는 것을 잊지 말아야 한다. 당신이 꿈꾸고 있는 이상은 실현 가능성이 희박한가? 그렇기에 당신이 그것을 꿈꾸고 있는 것이다. 다른 사람이라면 벌써 포기했을 것이다. 당신에게는 그 이상을 실현할 능력이 있다는 것을 확신하라. 이상을 주신 신은 그 능력까지 주신다는 것을 확신하라.

이상이 실현될 것을 확신한다면 끝까지 노력하게 되어 있다. 어떤 상황이 닥쳐와도 포기하지 않고 끝까지 노력하는 사람은 '이상이 반드시 현실이 될 것'이란 확신이 있기 때문이다. 수많은 사람들이 꿈을 꾸고 이상을 품고 살지만 그것을 이루는 방법을 알지 못한다. 그 꿈과 이상을 이룰 수 있는 그 방법은 간단하다. 그것이 이루어질 것을 확신하고 내가 할 수 있는 그것을 끝까지 해나가는 것이다. 할 수 있는 그것을 끝까지 해나간다면 원하는 그 이상은 반드시 현실이 된다.

내가 이글을 처음 쓰기 시작할 때 매우 어려운 가운데 있었다. 경제적인 면과 인간관계 모두에서 심각한 문제 때문에 자살하는 사람들의 심정을 이해할 정도가 되었다. 목사들을 양성했던 신학 교수인 내가 자살하는 사람들의 심정을 이해하게 될 정도가 되었다면 어느 정도였는지를 상상할 수 있으리라. 그때 나를 개인적으로 가장 잘 알고 있던 한 분은 나에게 날마다 이런 확신의 말을 해 주었다. "조금만 참아보세요. 곧 생각 이상으로 좋은 일이 발생할 것입니다."

나는 그분의 말을 들으면서 그렇게 될 것이라고 확신했다. 왜냐하면 그때 나보다 나의 미래를 그분이 더 잘 보고 있었기 때문이다.

꿈이 모두 성취된 것은 아니지만
성공한 사람들은 모두 꿈꾸는 사람이었다.

이 말을 잊지 말자.
나는 자살을 생각하는 사람들에게 이렇게 말하고 싶다.

"살 소망이 끝나는 그런 큰 실패를 경험했을 때
다시 일어나십시오.
당신은 이제 그 실패 때문에
성공할 확률이 높아졌기 때문입니다."

세상 여러 곳에 있는 '성공의 전당'에 위대한 이름을 기록한 모든 사람은 실패를 경험했다. 진짜 성공은 실패라는 터널을 지날 때 기다리고 있다.

27. 확신이 최고 보물이다

확신이 최고 보물이다.
확신이 최고가의 그림이다.
확신이 최고 명언이다.
그래서 확신은 가장 귀중한 장소에만 있다. 확신은 성소중의 성소인 지성소에만 있다.

확신한 사람은
이상을 그린 다음
가슴 가장 깊은 곳에 품는다.

위대한 이상을 그려 가슴에 품어라.
당신의 가슴에 넓은 그림을 그려라. 우주를 품고도 남을 그런 그림을 그려라. 당신이 그린 그 그림이 바로 당신의 미래임을 확신하라. 세상에서 위대하게 살았던 모든 사람은 보통 사람들이 품을 수 없었던 그런 위대한 이상을 품고 살았던 사람들이었다. 그들이 그렸던 그림은 범인들이 그린 그림과는 비교할 수 없을 정도로 컸다. 당신 역시 '위대한 이상을 품고 그 이상을 실현하는 사람이 되도록 하기 위해' 신께서 이 책을 보게 하셨다는 것을 확신하라.

해시계는 해의 시간만을 기록한다.

해의 좌우명처럼 당신 자신의 좌우명이 당신을 이끌어가고 있음을 다시 발견해야 한다. 나의 좌우명은 '사람을 키우는 것'이다. '많은 사람들을 세상에서 가장 부유하게 살도록 돕는 것'이 나의 좌우명이다. 그래서 나는 매일 이렇게 마음에 새긴 좌우명을 낭독한다.

내 자신이 가장 부유하게 살고
나를 만나는 모든 사람을
나처럼 부유하게 살도록 돕는다.

다른 사람들을 부유한 사람으로 키우기 위해서는 내 자신이 먼저 부유하게 살아야 한다. 부유한 사람만이 남을 부유하게 만들 수 있기 때문이다.

나는 지금 정신적으로는 세상에서 가장 부유한 사람이다. 나는 내 자신을 보면서도 놀란다. 내가 이처럼 정신적으로 부유하게 살고 있다는 점을 보면서 말이다. 내가 이처럼 정신적으로 부유하게 살 수 있었던 비결은 어린 시절 좋은 교회에서 자랐기 때문이며 또한 좋은 책들과 훌륭한 스승들 그리고 나를 존경하며 사랑해 주는 수많은 사람들을 만났기 때문이다. 그래서 나는 내 자신이 물질적으로도 부유하게 살게 될 것을 지금, 이 순간에도 확신하고 있다. 왜 이런 확신을 하고 있을까? 그 이유는 바로 내 자신이 정신적으로 부유하게 살고 있기 때문이다.

내가 지금, 이 세상에서 정신적으로 가장 부유한 사람들 속에 포함되어 있다고 확신한 것을 이상하게 생각하는 독자가 있을지 모른다. 그러나 사실이다. 이 글을 쓰고 있는 내 '정신 창고'에는 기쁨, 즐거움, 감사, 그리고 칭찬 등만 있기 때문이다. 이 글을 쓰기 이전과 쓰는 동안에 나는 내 정신 창고에서 부정적인 것이나 비관적인 것 그리고 소모적인 생각들을 다 청소했다. 내 정신의 창고와 정원에 창조적인 것들, 아름다운 것들, 그리고 선한 것들만 가득 넘치게 했다.

이후에도 다시 썩은 생각들이 내 창고와 정원에 들어오길 원할 것을 나는 알고 있다. 나의 거룩한 정신의 성소를 더럽히고 싶은 생각들이 얼마든지 침입해 들어올 것이라는 것을 나는 잘 알고 있다. 그럴 때마다 나는 그 썩은 생각들을 밖으로 내 던져버릴 준비를 하고 있다. 지금, 이 순간에도 말이다.

정신은 성소다.
그것도 지성소다.
모든 성소 중에서도
가장 거룩한 성소인 지성소다.

정신이라는 지성소에 거룩하고 아름답고 선한 것들만 있게 만들어야 한다. 좌우명을 지성소인 마음에 두고 사는 사람은 반드시 황금열매를 따게 된다. 자신의 생각지성소를 지키는 사람만이 진짜 성공의 길로 가고 있는 사람이며 행복한 사람이다. 생각지성소를 거룩하게 유지하는 일에 성공한 사람만이 사람 관계에서도 성공할 수 있고 일에도 성공할 수 있다.

'성공이 성공을 부른다.'

이 말을 잊지 말아야 한다. 생각의 지성소를 아름답게 지키는 일에 성공한 사람만이 다른 모든 영역에서도 성공할 수 있다. 당신의 생각이 아름답게 바뀔 때 세상 역시 아름답게 변하기 시작한다.

당신의 좌우명을 항상 되새김질하며 어떤 상황에서든지 생각의 지성소를 아름답게 가꾸는 일에 최선을 다하라. 그리하면 반드시 그 지성소로부터 아름다운 것들이 세상에 넘치게 될 것이다. 확신은 생각지성소에만 살 수 있음을 잊지 말자. 그것이 최고 보물이기 때문이다.

28. 확신이 진짜 부다

'확신이 부를 창조한다.'

성공학자들이 강조한 이 말을 당신의 가슴에 새기어 두고 항상 적용하라. 더 정확히 말하자면 '확신이 진짜 부다.' 세상에서 물질에 있어서 가장 많은 것을 획득한 사람들 1만 명을 조사해 보라. 그들의 부는 바로 확신의 열매다. <위대한 리더십의 최강자들>이란 책만 보아도 내가 말한 것이 사실임을 알게 될 것이다. 그러므로 물질에서도 부를 창출하고 싶다면 당신 역시 그런 부를 창출할 수 있다고 확신해야 한다. "나는 부자로 살 수밖에 없어. 나는 부자야." 이런 확신으로 지금, 이 순간부터 사는 당신이 되어야 한다.

물질의 가난에서 살아가는 것이 얼마나 힘든 것인지를 당신은 경험했는가? 아니면 지금도 가난 때문에 힘든 인생길을 걷고 있는가? 그 가난에서 벗어나고 싶은가? 그렇다면 성공학자들의 조언을 당신의 것으로 삼아야 한다. 가난에서 벗어날 수 있는 최선의 길은 당신이 그곳에서 벗어날 수 있다는 확신을 갖는 것이다.

당신은 가장 먼저 가난보다 더욱 나쁜 것이 잘못된 생각임을 알아야 한다. 평생 가난을 떨칠 수 없다고 생각하는 사람은 결코 부자가 될 수 없다. 가난의 생각에 사로잡혀 가난의 이미지만을 방출하는 한 가난의 늪에서 나올 수 없다. 사실 그 사람이 가난의 늪에서 빠져나올 수 없는 것은 그 사람의 정신의 가난 때문이다. 이 세상에서 가장 가난한 사람은 바로 '정신의 가난'에 빠져 있는 사람이다.

"내 인생은 항상 이렇게 가난할 수밖에 없어."

이렇게 말하는 사람은 자신의 정신이 가난함을 보여주고 있다. 그 정신의 가난함 때문에 물질의 가난함에서 빠져나올 수 없는 것이다.

"가난은 운명이 아니라 정신적 질병이다.
그것을 치료할 수 있는 사람은 바로 자신이다."

성공학자들은 이렇게 외친다. 정말 그렇다! 다른 모든 질병은 외부에서 치료할 수 있다. 그러나 생각의 질병은 오직 자기 자신만이 치료할 수 있다는 것을 명심해야 한다. 가난의 생각을 정신에서 몰아낼 수 있는 사람은 오직 그렇게 생각하고 있는 사람이다. 그리고 그것을 몰아낸 사람은 반드시 부자로 살수 밖에 없다는 점을 잊지 말아야 한다. 거물이 되고 부자가 될 것을 매일 확신했던 수많은 사람들이 그 확신대로 되었던 예는 너무나 많다. 가난을 '물리칠 수 있는 질병'으로 알고 그것을 물리치기 위한 방법을 찾은 사람은 반드시 물질의 부요함도 맛보며 나누며 살아갔다는 사실을 성공학자들은 강조한다.

새로운 세계를 찾기 위해서는 먼저 그 세계의 존재를 믿어야만 하는 것처럼 물질의 세계도 마찬가지다. 먼저 '부의 세계'가 실존함을 믿어야 한다. 그리고 그 세계에 당신 역시 들어갈 수 있다는 강한 확신을 갖는 것이 중요하다. 그 세계가 있다는 것을 믿을 뿐만 아니라 당신 자신이 그 세계의 주인임을 확신해야 한다. 한 마디로 '부를 창조하는 생각의 습관'에 빠져 있어야 한다. 이 점을 마든 역시 이렇게 강조한다.

"부를 창조하는 것은 물질이 아니라 정신이다. 부를 생각함으로써 부가 실현되는 것이다. 의사가 되기 위해서는 의학을 생각하고, 말하고, 공부함으로써 의학과 완전히 하나가 되어야 한다. 마찬가지로, 변호사가 되기 위해서는 법률을 생각하고, 말하고, 공부해야 한다. 그런데 왜 부자만 예외겠는가? 부를 생각하고, 말하고, 공부함으로써 진정한 부자가 될 수 있다."(p.249)

가난은 신의 계획도 아니고, 불공평한 잔인한 사회의 책임도 아니며, 우리가 속한 공동체의 책임도 아니며, 또한 가난한 가문의 문제도 아니었다. 또한 가난은 '가난의 신'에 의해 지배되어 있기 때문에 있는 것도 아니다. 가난의 문제는 바로 정신의 문제다. 물론 한 사람의 정신도 문제이지만, 함께 사는 사람들의 정신이 가장 큰 문제다. 나는 정신적 가난이 바로 물질적 가난으로 이어지고 있다는 것을 발견했다. 사실 집단정신이 가난하기에 그 가난한 집단정신이 빈부격차의 심화 등 경제적인 문제를 만든다. 결국 정신적 가난만 해결되면 물질적 가난은 자연스럽게 해결된다. 그리고 한 사람의 정신적 풍요로움이 수많은 사람들을 물질에서도 풍요롭게 할 수 있음도 발견했다. 그래서 지금 나는 이 책을 쓰게 되었다.

그렇다고 내가 지금 모든 사람이 물질적인 풍요를 누리며 살아가게 된다는 점을 말하고 있는 것은 아니다. 세상은 역사가 존속하는 한 가난은 언제나 존재할 것이다. 그러나 분명한 것은 물질적인 부요함이 있음을 확신한 자들만이 그 부요함을 맛볼 수 있다는 것이다. 모두가 물질적인 부요함을 맛볼 수는 없지만, 가난한 가운데서 물질적인 부요함으로 옮겨진 사람들은 모두 부의 왕국에서 살 수 있다는 확신이 있었다는 점이다. 나는 이 사실을 사람들의 만남과 책과의 만남을 통해서 알게 되었다.

사실 나는 이 글을 15년간 계속 보며 살아왔다. 내 글은 나의 정신을 최고 부자로 만들어 주었다. 그리고 나의 정신적 부요함 때문에 물질의 풍요로운 세계를 경험하게 되었다. 당신도 나처럼 최고 부자임을 확신하라. 그리하면 물질 역시 당신의 것이 될 것이다.

29. 부의 왕국을 확신하라

가장 먼저 '부의 왕국'의 존재를 확신하라.

그리고 당신 역시 그 왕국의 왕으로 살 수 있음을 확신하라. 사막에서도 꽃을 피울 수 있다는 확신을 가진 사람처럼 가장 먼저 부의 세계에 들어갈 수 있음을 확신해야 한다. 나는 확신의 중요성을 알게 해 준 다음 이야기를 당신과 나누고 싶다.

영국 케임브리지대학을 졸업한 한 사나이가 자신의 고향인 팔레스타인으로 돌아왔다. 그가 자기 고향 팔레스타인으로 돌아왔을 때 그곳은 정치적인 혼란기였다. 그 혼란기에 그 역시 자신의 집을 포함한 모든 것을 잃어버렸다. 말로 표현할 수 없는 그런 상실감 속에서도 그는 요르단 골짜기의 넓고 황량하고 건조한 사막에 가서 꿈을 꾸었다.

"이곳을 파서 지하수를 끌어올려 이 땅에 꽃을 피우자."

그가 이런 꿈을 꿀 수 있었던 것은 바로 미국 캘리포니아 사막을 개간한 성공 사례가 있었기 때문이다.

이런 이야기를 들은 사람들은 모두 회의적이었다. 특히 전문가들은 지하수가 있을 수 없다고 단정 지어 말했고 관리들 역시 전문가들의 말에 동의했다. 전문가나 관리들의 도움을 받지 못한 그 사람은 그러나 지하수가 있다고 확신한 가운데 땅을 파기 시작했다. 장비라고는 곡괭이와 삽이 전부였다. 그때 놀라운 일이 발생했다. 가까운 곳에 있던 난민 수용소에서 몇 사람이 삽과 괭이를 들고나와 그와 함께 땅을 파기 시작했다. 땅을 파고 있는 그들을 본 수많은 사람들은 그들을 미쳤다고 생각했다.

"미쳐서 쓸데없는 곳에 힘과 정열을 낭비하고 있다."

이렇게 생각한 사람들 때문에 확신을 접어 버렸을까? 아니다! 그는 그런 사람들 때문에 오히려 확신을 더욱 확고히 했다. 다음과 같이 외치면서 사람들을 격려했다.

"다른 곳에서 성공했다면
우리도 성공할 수 있습니다."

사막에서 지하수를 얻을 수 있다고 확신한 그 사람의 이름은 '무사 알라미'(Musa Alami)였다. 소수의 사람이 그의 확신을 따라 땅을 파기 시작한 지 5개월이 넘었지만, 지하수는 나올 기미도 보이지 않았다. 밑으로 사막의 모래를 파 내려갈 때 비웃는 사람들의 그 비웃음을 생각해 보라? 그런 비웃음을 들으면서 물기조차 나오지 않는 그 순간들을 그래도 확신 하나로 이겨냈다. 등 뒤에서 비웃는 소리를 들으면서도 모래를 계속 파고 내려갔는데, 드디어 여섯 달쯤 되었을 때 물이 조금씩 고이기 시작했고, 좀 더 파자 마침내 생명수가 쏟아져 나왔다.

무사 알라미는 나중에 큰 농장에 물을 대는 펌프 시설 15개를 설치하였다. 그리고 채소와 바나나, 무화과, 감귤 열매를 재배하여 풍성한 결실을 거두었다. 충분한 햇빛을 받아 익은 열매들은 다른 것들보다 더 비싼 가격으로 팔렸다.

무사 알라미의 확신이 씨앗이 되어 심어졌고 그 씨앗이 나무가 되었고 이제 그 나무에 황금열매들이 열린 것이다. 사막에 황금씨앗을 심었던 무사 알라미는 그곳에 또 다른 황금씨앗을 심었다. 그것은 바로 학교였다. 땅의 미래를 위해 학교를 설립한 그는 소년들을 가르치기 시작했다. 지금 그 학교에서는 그 땅의 미래를 황금열매로 가득하게 만들 주인공들을 양성하고 있다.

더 놀라운 일은 무사 알라미처럼 황금씨앗을 심은 사람들이 많이 생겼다는 것이다. 다른 많은 사람들도 사막을 파서 땅을 개간하여 사막이 광활한 푸른 초장으로 변하고 있다는 것이다. 무사 알라미는 행성회사의 사장에서 이제 행성그룹의 회장으로 변신했다. 그가 심은 작은 황금씨앗이 수많은 열매를 낳았다. 무사 알라미의 확신이 사막을 옥토로 바꾸고 말았다.

이 이야기를 통해서 무엇을 배울 수 있을까? 다른 사람이 사막에서 물을 발견했다는 소식을 들은 주인공처럼 우리 자신도 사막에서 물을 발견할 수 있다는 확신을 가진 것이 가장 중요하다. 이것이 바로 '부의 왕국에 대한 확신'이다.

미국의 배달회사 Federal Express 역시 어떻게 탄생 되었는지를 잊지 말자. 그것을 탄생시킨 사람은 대학교 시절부터 부의 왕국 청사진을 그렸던 사람이었다. 그 청사진을 경영학 과목 리포트로 제출했을 때 그 학과목 교수는 '이상은 좋으나 실현 불가능'이라고 소감을 기록하며 C 학점을 주었다. 그러나 나중에 그의 확신은 황금 열매를 맺었다. 잊지 말자. 내 앞에 가고 있는 사람이 성공한 것이라면 나 역시 성공할 수 있다는 점을. 그렇다! 부의 왕국으로 들어가는 '정신적 설계도'를 그리는 사람은 이미 성공의 길에 들어섰다.

부는
뛰어난 정신적 설계도가
현실에서 성취될 때 나타나는
열매일 뿐이다.
부의 양은
정신적 설계도에 의해서 좌우된다.

이 사실을 잊지 말자.
당신의 정신적 설계도에는 무엇이 그려져 있는가?

30. 확신은 미친 상태다

확신은 미치게 보인다.

아니, 확신은 미쳐있는 상태를 의미한다. 어떤 것에 확신한다는 것은 그것에 미쳐있다는 의미다. '상대방에게 미쳐야 결혼한다.'라는 말처럼 확신은 어떤 대상에 대해서 미쳐있는 것을 의미한다. 어떤 대상에 미쳐있는 상태를 의미한 확신이 성공의 열매를 따는 데 얼마나 중요한지에 대해서 한 이야기는 너무나 잘 가르쳐 준다.

"세계적인 의학 잡지 <렌셋>은 젊음을 유지하는 정신의 힘에 관한 놀라운 기사를 실었다. 애인에게 버림받은 어느 젊은 아가씨가 그만 정신병에 걸리고 말았다. 그녀는 애인이 돌아올 것이라고 믿고는 수십 년 동안이나 창밖만 바라보며 애인을 기다렸다. 그렇게 일흔 살이 되었지만, 그녀는 여전히 갓 스물을 넘기 어린 처녀로만 보였다. 흰머리는커녕 주름 하나 찾아볼 수 없었다. 피부 역시 여전히 아가씨인 양 부드럽고 팽팽했다. 이를 증언한 사람 중에는 심지어 의사도 포함되어 있었다. 이 모든 것은 단지 그녀가 자신이 여전히 젊다고 확신했기 때문이다."(p.275)

마든은 이 이야기를 자신의 책의 앞(p.160)에서도 언급하고 있다. 이 이야기는 생각이 젊음을 유지하는 역할에서 얼마나 중요한지를 가르치기 위해 사용된 것이다. 그런데 나는 이 이야기를 읽으면서 확신한다는 것은 마치 미친 것과 같다고 생각했다. 사랑하는 사람에게 미친 여인이 70세가 되어도 처녀의 모습을 유지할 수 있었다. 그것은 자신을 처녀로 확신했기 때문이다. 물론 이 여인이 정신병에 걸렸다는 사실은 우리를 슬프게 만든다. 그러나 우리가 이 이야기를 통해서 알 수 있는 가장 중요한 한 가지는 확신은 미친 것과 같다는 점이다.

그렇다! 확신은 미친 것이다. 예수님도 확신 때문에 미친 자로 취급당했다. '새로운 시대인 천국이 왔다.'라는 확신을 사람들 마음에 심어주기 위해 살기 시작했을 때 형제들도 예수님을 미쳤다고 생각하고 그분을 잡으려고 찾아왔던 내용이 성경에 기록되어 있다. 바울도 세상을 새롭게 할 수 있는 것은 바로 예수님을 주와 그리스도로 모시고 그분의 가르침대로 사는 것이라고 전할 때 미쳤다는 평가를 받았다.

라이트 형제가 비행 연습을 하고 있을 때 논에서 일하며 그 연습을 바라보고 있었던 한 농부도 '젊은이들이 미쳐서 저렇지.'라고 생각했다. 포드가 미국의 모든 가정에 자가용 한 대씩을 사용하는 시대가 올 것이라고 예견했을 때 그를 미쳤다고 평가한 사람들이 많았다. 지동설을 주장한 과학자들이 그들의 확신을 주장할 때 그것을 들었던 당시의 통치자로 그리고 지성인으로 자청했던 사람들로부터 미쳤다는 평가를 받았다.

그렇다! 세상은 미치광이로 보였던 사람들에 의해서 이렇게 발전해 왔다. 명심해야 한다. 파스퇴르의 발표를 미친 사람의 것으로 치부한 의사들이 우리를 전염병으로부터 해방한 것이 아님을! 그 의사들은 '전염병은 신이 준 형벌'이라고만 생각했기 때문에 새로운 생각을 할 수 없었다. 그렇다! 파스퇴르의 확신이 인류를 전염병으로부터 구원시킬 수 있었다. 파스퇴르는 세 딸 모두를 전염병으로 잃었던 장본인이었다. 그는 얼마나 슬펐을까! 그런데 그는 자신의 딸들이 신의 저주로 죽은 것이 아니라 전염병을 예방하지 못해서 죽었다고 확신했다. 그렇다! 지금도 새로운 생각을 품고 그것을 확신하기에 최선을 다하는 사람들에 의해서 세상은 보다 아름다워지고 있다.

결혼도 사랑에 미친 사람들이 한다.

결혼했기에 가정이 있고 후손들이 생긴다. 결혼이 사랑의 열매이고 그 열매가 더욱 크고 아름답게 되는 것이 자녀를 낳은 것이라고 확신한 사람들에 의해서 인류는 이렇게 존속했다. 자녀가 사랑의 열매임을 확신한 사람만이 자녀를 낳고 기뻐할 수 있다. 자녀가 바로 사랑의 열매임을 확신한 사람들만이 자녀들에게 결혼하여 자녀를 낳아 기르라고 권면한다. 2011년 11월 지금 인류가 70억 이상이 될 수 있는 것은 사랑에 미쳤던 사람들 때문이다.

사람에게 미쳐라.
일에 미쳐라.

그러나 일에 미쳐서 사랑해야 할 사람을 사랑하지 못한다면 그 일을 그만 멈추어야만 한다. '일 중독자들'이 되어서 사람을 사랑하지 못하는 것은 잘못된 것이다. 일에 미친다는 것은 사람에게 미쳐 있기 때문이다. 사랑하는 사람을 더욱 사랑하기 위해서 일에 미쳐라. 그러므로 미쳐라. 신이 준 확신이라면, 그 사람에게 미치고, 그 일에 미쳐라.

확신이 부며 미며 선이다.
확신이 진리다.
확신이 길이다.

세상에서 신이 원하는 그 길을 가기 위해서는 확신이 있어야만 한다. 그 길을 미친 사람처럼 가라! 그 길을 가고 있는 지금 당신이 미친 사람으로 취급받고 있다면, 그것은 분명 당신이 성공의 사람으로 살고 있음을 입증한 것임을 잊지 말라.

31. 확신은 자기애다

확신하기에 자기애로 산다.

자기애란 무엇인가? 자신을 사랑하는 것이다. 그렇다! 확신은 자기애로 나타난다. 많은 사람이 성공의 삶에 있어서 가장 중요한 것이 자신감이라고 한다. 그러나 자신감보다 더 중요한 것이 있다. 그것은 지금 말하고 있는 '자기애'이다. 왜냐하면 자기 자신을 사랑하는 것이 없이 자신감이란 있을 수 없기 때문이다. 자신을 진짜 사랑할 때 진정한 자신감이 생긴다.

가장 먼저 당신 자신이 신의 최고 작품임을 확신해야 한다.
"나는 걸작이야."

이 소리를 스스로에게 해야 한다. 다른 사람이 이런 소리를 듣는다면 그 사람이 당신을 비웃을지 모른다. 그러므로 당신을 이해한 사람이 아니면 이런 소리는 자신에게만 하라. 사실 당신은 최고 작품이다. 잉태되는 순간에도 셀 수 없는 정자 중에서 난자란 결승점에 도달했던 최고 작품이다. 그리고 지금, 이 순간까지 살 수 있다는 것 자체만 생각해도 당신은 위대한 존재이다. 그러므로 스스로에게 항상 이 말을 하는 것은 당연하다.

"너는 신의 최고 작품이다.
너는 최고 작품답게
그 모습을 나타낼 날이 있을 것이다."

교회에 다니는 사람이나 교회에 다니지 않는 수많은 사람들 모두 다음의 노래를 좋아한다.

당신은 사랑받기 위해 태어난 사람
당신의 삶 속에서 그 사랑 받고 있지요.
당신은 사랑받기 위해 태어난 사람
당신의 삶 속에서 그 사랑 받고 있지요.
태초부터 시작된 하나님의 사랑은
우리의 만남을 통해 열매를 맺고
당신이 이 세상에 존재함으로 인해
우리에게 얼마나 큰 기쁨이 되는지
당신은 사랑받기 위해 태어난 사람
당신의 삶 속에서 그 사랑 받고 있지요.

당신은 사랑받기 위해 태어난 사람임을 잊지 말아야 한다.

당신이 신과 사람으로부터 사랑을 받을 수밖에 없는 이유가 있다. 그것은 당신 역시 신의 최고 작품이기 때문이다. 그러므로 당신이 먼저 당신 자신을 최고로 사랑해야 한다. 자신을 먼저 바르게 사랑할 줄 아는 사람만이 남을 바르게 사랑할 수 있다. '건강한 자기애'는 모든 아름다운 생활의 뿌리임을 잊지 말자. 건강한 자기애를 가진 사람만이 위대한 사람으로 살 수 있었다고 역사는 증명한다.

아무것도 가진 것 없지만 건강한 자기애를 가지고 있다면 모든 것을 가진 사람처럼 살 수 있음을 이전에 살았던 위인들이 보여주었다. 그러나 높은 명예와 많은 돈과 큰 권력을 가지고 있다고 해도 건강한 자기애가 없는 사람들은 오히려 남을 해치는 사람들이 되었음을 역사는 증명해 준다. 건강한 자기애가 없는 사람은 심지어 자기 자신까지 죽인다. 대표적인 사람이 바로 마릴린 먼로였다. 영화배우로 뛰어난 미모를 가지고 수많은 사람들의 선망의 대상이었던 그녀는 생애를 자살로 마감했다. 그녀는 이렇게 말을 남기고 세상을 떠났다.

"내 인생은 파장한 해수욕장과 같다."

남에게 아무리 화려하게 보일지라도 내면의 화려함이 없다면 아무것도 아니다. 진짜 아름다움이 자기 자신을 있는 그대로 보는 것으로부터 시작된다는 점을 알아야 한다. 자기 내면의 아름다움을 보는 사람은 누구나 이렇게 외친다.

"내 인생은 너무 아름다워요."

나 자신이 바로 신의 최고 작품이기 때문이지요.
내 안에서 신의 뜻이 이루어지고 있기 때문이지요."

건강한 자기애란 확신으로만 가능하다. 아무리 못생겨도 자신이 신의 걸작임을 아는 사람은 결코 자살할 수 없다. 외모가 선망의 대상이 될 수 없어도 내적인 모양인 '내모'가 선망의 대상이 될 수 있는 사람은 모두 건강한 자기애를 가지고 있다. 내모가 선망이 될 수 있는 사람들은 모두 자신이 신의 최고 걸작이란 확신 가운데 살아간다. 건강한 자기애를 가진 사람은 아무것도 없다고 해도 모든 것을 가진 사람처럼 말하고 행동한다. 대표적인 분이 바로 예수님이셨고 사도 바울이었다.

자신을 사랑하는 사람만이 자신감을 소유한다는 사실을 잊지 말자. 확신은 자기애라는 통로를 통해서 자신감으로 나타나게 되어 있다. '자기애'의 확신이 자신감으로 표출되며 세상의 모든 것들을 무지개색으로 바꾸는 능력이다. 그러므로 자기애에 충만하여 항상 다음과 같이 외치자.

내 자신이 너무 사랑스럽다.
세상 모든 사람이 너무 사랑스럽다.
풀 한 포기, 돌 하나까지 너무 사랑스럽다.

32. 확신이 개척하는 힘이다

확신은 개척자로 살게 하는 원동력이다.

세상은 개척자 정신으로 사는 사람들의 것이다. 오늘날 미국이 개척자들 후손에게 주어졌다는 것을 잊지 말자. 확신은 개척할 수 있는 자신감을 준다. 모리스 교수는 <성공하고 싶으면 하고 싶은데로 하라>(True Success)에서 이렇게 말한다.

"세상은
전에 한 번도
세상을 운영해 보지 못한
사람들에 의해 돌아간다.
그러나 걱정하지는 말자."(p.81)

많은 사람들이 경험이 없는 것 때문에 자신감까지도 없다. 그러나 자신감이 경험과 비례한다고 생각하는 것 자체를 버려야 한다. 자신감은 경험과 아무런 함수관계가 없다. 자신감은 확신과 함수관계가 있을 뿐이다. 모세가 수백만의 백성을 출애굽 시킨 것은 경험이 아니라 확신이었다. 여호수아가 백성들을 가나안에 들어갈 수 있도록 인도했던 것 역시 경험이 아니라 확신이었다.

사업에 있어서 중요한 원리가 있다.

모든 사람이 확신하지 않더라도 당신만은 확신한다면 그것을 반드시 해야 한다. 그것이 바로 황금알을 낳은 거위이기 때문이다. 그리고 당신이 확신하고 있는 그 일을 모든 사람이 확신한다면 그것도 전력해야 한다. 왜 그럴까? 모든 사람 또한 그것을 확신한다는 것은 황금열매를 맺을 수 있는 가장 확실한 일이기 때문이다. 단 그 일이 다른 사람들은 할 수 없는 일이어야 한다. 당신만의 독특성을 드러낼 수 있어야 한다. 만약 그 일이 모든 사람이 다 할 수 있는 일이라면 하지 말아야 한다. 왜냐하면 당신보다 유리한 환경에 있는 사람이 당신의 일을 빼앗아 버릴 것이기 때문이다. 자금력과 인력에서 당신보다 유리한 사람이 당신의 확신을 빼앗아 가 버릴 것이기에 그 일을 해서는 안 된다. 당신이 한 일이 경쟁력에서 다른 사람들을 이길 수 있어야 한다.

일과 관련된 자신감이 객관적이 되지 못할 때 당신이 선택한 그 일에서 실패한다는 점을 명심하라. 그러면 어떻게 당신의 자신감이 객관적으로 될 수 있을까? 어떤 사업이 황금열매를 맺기 위해서는 객관적인 두 가지가 반드시 충족되어야 한다.

첫째는 그것이 시기적절해야 한다.

둘째는 당신이 그 기회를 당신의 것으로 만들 수 있어야 한다.

아무리 좋은 사업이라도 시기가 적절하지 못하면 황금열매를 맺을 수 없다. 그리고 시기가 아무리 적절하다고 해도 그것이 당신의 것이 되지 못한다면 역시 황금열매를 딸 수 없다.

황금열매를 맺을 수 있는 자신감이 되기 위해서는 그것의 타이밍이 적절해야 한다. 타이밍이 적절하지 못한 자신감은 자신감을 가진 사람만이 아니라 주위의 사람들에게도 큰 상처를 줄 수 있다. 그리고 자신감은 언제나 설정한 목표를 통해서 점검받아야 한다. 설정한 목표가 창조적일 때만 그 자신감은 참된 자신감인 것이다.

당신이 회사를 창립하고 싶은 이유가 무엇인지를 분명하게 정립되어 있어야 한다. 당신의 '사명 선언문'이 있어야 한다. 당신 자신이 지금 새로운 회사를 세운다면 다음의 두 가지 때문이어야 한다.

첫째, 함께 살아가는 사람들이
행복하고 성공한 삶을 살도록 돕고 싶다.
둘째, 함께 살아가는 사람들이
물질적으로도 풍요롭게 살도록 돕고 싶다.

모든 사람이 백만장자 그 이상이 되었으면 좋겠다는 생각으로 시작해야 한다. 그리고 새로운 사업을 구상하면서 당신의 확신이 열매를 맺을 때가 되었다고 생각하기 시작해야 한다. 그런 확신이 없다면 시작하려는 사업을 유보하라. 그리고 당신이 확신을 가질 때까지 기다려야 한다. 확신을 갖고 시작한 사업도 어려움에 봉착할 때 쉽지 않을 것이다. 그런데 하물며 확신 없이 시작한 사업은 어려움이 오면 쉽게 포기하게 된다. 그러므로 확신이 있을 때만 사업을 시작해야 한다.

세상에서 가장 위대한 회사는 우리 회사다.
세상에서 가장 위대한 사장은 바로 나다.
가장 행복한 사람들은 회사에서 함께 일하는 우리 모두다.

위와 같이 외칠 수 있어야 한다. 참으로 세상에는 좋은 회사들이 많다. 그런데 당신이 최고 좋은 회사의 사장임을 잊지 말라. 당신은 이제 이 세상에서 최고 좋은 회사의 사장으로 새로운 출발을 하고 있다. 당신은 진짜 행복과 성공이 무엇인지를 많은 사람에게 보여줄 수 있는 개척자가 되어야 한다. 당신은 할 수 있다. 당신이 행성회사의 사장이기 때문이다. 당신은 잉태되는 그 순간부터 이미 그렇게 살 수 있는 능력과 재능을 부여받았기 때문이다.

당신도 개척자로 살 수 있다.

33. 확신은 기회를 잡는다

확신은 기회를 잡는다. 확신한 사람들은 이렇게 말한다.

"지금이 최적기다. 지금이 기회다.
이 기회를 놓치지 말자."

어떤 사람은 자신의 나이가 너무 많아 이제는 세상을 떠날 준비만 하고 있다고 고백한다. 확신의 사람은 이런 생각을 하지 않는다. 당신이 만약 나이가 많다 해도 생리적인 나이의 노예가 되어서는 안 된다. 우리는 남자는 29세 그리고 여자는 27세가 황금기란 말을 듣고 살아간다. 생리적 리듬에 있어서 그렇다는 것이다. 그러나 실제적으로는 모두의 황금기가 다르다는 사실을 알아야 한다.

당신의 황금기는 바로 오늘이다.
오늘을 놓치지 말자.

지금 당신의 오늘이 당신 인생에 있어서 최고이며 최적기다.
오늘이 당신의 황금나무에 열려있는 열매들을 황금빛으로 물들일 최적기임을 명심하라. 황금의 오늘을 놓치지 말자. 수많은 사람들이 내일의 황금을 바라보고 살다가 오늘의 황금을 놓치고 있다. 어떤 사람은 어제의 황금만 생각하다가 오늘의 황금을 놓치고 있다. 어제도 중요하고 내일도 중요하다. 그러나 오늘이 가장 중요하다. 왜 그럴까? 어제는 지나갔던 과거로 다시 올 수 없기 때문이다. 아무리 고대해도 되돌아올 수 없는 것이 어제다. 어제의 모든 것들은 더 이상 나의 것이 될 수 없다. 어제의 것들은 오늘을 위한 참고일 뿐이다. 그것은 거울일 뿐이다.

내일의 황금열매의 속삭임에도 속지 마라.

그것이 생각하기만 하면 그냥 열릴 것이라는 사람들의 속삭임도 들어서는 안 된다. 내일의 황금열매는 오직 오늘의 황금씨앗이 자랄 때에만 가능함을 잊지 말자. 오늘의 황금씨앗이 나무가 되고 그 나무에 열매가 자라지 못하면 내일은 아무것도 딸 수 없다. 내일은 오직 오늘의 연장선에서만 의미가 있다. 그러므로 오늘 당신의 정원에 자라고 있는 황금나무를 가꾸는 데 최선을 다해야 한다. 오늘 성공으로 살지 못한 사람은 내일 성공으로 살 수 없다.

많은 사람들이 목표를 설정하고 80%만 달성해도 잘한 것이라고 말한다. 그런데 어떤 사람은 자신이 설정한 목표를 100%를 달성한다. 특별한 소수는 120%까지도 달성한다. 100% 이상의 목표를 달성한 사람들은 그렇지 못한 사람들과 무엇이 다른가? 그것은 간단하다. 목표를 달성한 사람들은 자신들의 목표를 달성하기 위해 설정한 그것을 끊임없이 찾는다. 목표가 달성되는 그 순간까지 결단코 쉬지 않는다. 그 목표를 달성하는 방법들을 알고 있을 뿐만 아니라 그것을 얻기 위해서 끝까지 나아간다.

목표를 설정했지만 달성하지 못하는 사람들에게 있는 가장 큰 문제는 사실 그것을 달성하는 방법이 무엇인지를 모른다는 점이다. 당사자 자신은 그 방법을 잘 알고 있다고 확신하지만, 사실은 그 반대다. 한 예를 들어보자. 내가 잘 아는 어떤 사람은 회사를 세웠다. 목표도 좋고 그 목표를 이룰 수 있는 사람들도 많다. 그런데도 그 회사는 목표를 이루지 못하고 있다. 장기간의 목표만이 아니라 단기간의 목표도 매년 이루지 못하고 있다. 그 회사가 목표를 이루기 위해서 가장 중요하게 여기는 것은 다음이다.

'대접을 받고자 하는 그대로 남을 대접하라.'

기회를 잡는다는 것은 사람을 얻는다는 의미다.

그러므로 가장 먼저 모든 사람을 자신처럼 생각하며 살아가는 '황금률의 대가'가 되어야 한다. 지금, 이 순간에도 세상에서 성공과 행복을 경험하고 있는 사람들은 모두 황금률의 대가들이다.

'카네기 스쿨'을 세웠던 데일 카네기는 역사에 있어서 가장 위대하게 살았던 모든 사람은 바로 황금률의 대가였다고 강조했다. 인류가 시작한 이래로 가장 중요한 삶의 원리가 바로 황금률의 원리라는 사실을 항상 가슴에 품고 있어야 한다. 그 원리를 내 삶에서 항상 적용할 것을 이 순간에도 결심해야 한다.

비즈니스에서 A/S(판매 후 서비스) 시스템이 바로 황금률의 원리를 적용한 것이다. A/S 시스템을 회사 방침으로 삼았던 회사들이 천문학적인 액수의 황금열매를 따고 있음을 기억하라. 따라서 수많은 성공학자가 이렇게 외친다.

고객을 가족처럼 생각하라.

고객 먼저 생각하며 사업을 경영하라.

이것이 사업 성공의 열쇠다. 사장이 회사원들을 자신의 가족처럼 생각할 뿐만 아니라 사원들 모두가 고객을 내 가족처럼 생각하는 사업장은 반드시 황금열매를 먹는다. 나와 함께 일하는 사람들만이 아니라 모든 고객을 가족이라고 생각하며 사업을 경영하면 반드시 성공하게 되어 있다.

사랑하는 사람을 잡을 수 있는 최고의 방법도 황금률의 원리를 적용하는 것이다. 황금률의 원리를 삶의 최우선 방법으로 정해 놓고 사는 사람은 어느 영역에서나 반드시 황금열매를 따 먹게 되어 있다. 당신이 지금, 이 순간에도 '대접받고 싶은 그대로 대접하는 삶'을 살고 있다면 당신은 최고의 기회를 잡고 있음을 확신하라.

사실 나는 2010년에 이 책을 쓰기 전부터
목사들과 선교사들 그리고 기독교 사업가들에게 강의할 때
또 여러 교회 공동체 설교에서
황금률의 완성을 매우 강조해 왔다.

"내가 여러분들을 사랑한 것같이 여러분도 서로 사랑하시오."

예수님께서 제자들에게 주신 말씀은 황금률의 완성이다.
사랑을 이미 받았기 때문에 무조건 내리사랑을 하는 것이다.
사랑받았음에 감격해서 만나는 사람을 사랑하는 것이다.
대접받고자 하는 '원함'으로 대접하는 것 아니다.
이미 받았던 사랑에 감격해서 사랑하는 것이다.
나는 '황금률의 완성'인 '서로 사랑'을 강조하고 있다.
나는 서로 사랑을 '공생주의'란 단어로 자주 쓴다.
공생주의로 살면 반드시 모두가 행복하게 된다.
우리는 황금률로 사는 것에서 만족하지 말아야 한다.
우리는 황금률의 원칙도 한계가 있음을 역사에서 잘 배웠다.

잊지 말자.
황금률의 완성으로 살 때만
황금열매가 주렁주렁 열린다.

34. 확신은 장벽을 제거한다

확신한 사람은 자신의 장벽을 제거하고 우주와 하나가 된다. 그렇다! 참된 확신은 자신에 대한 확신으로부터 시작한다. 세계의 정상에 우뚝 선 사람들을 보라! 그들은 모두 자기 자신부터 극복했다. 그들은 자신의 비전을 이루는 모습을 마음속에 그린 다음 매 순간 더 높이 나아갔다. 자신에 대한 확신은 자신의 비전을 이룰 수 있다는 확고한 자신감으로 나타나게 된다.

그렇다! 확신은 자신감이다. 그 모든 것 중에서도 목표를 달성할 수 있다는 자신감을 가진 것이 가장 중요하다. 이제 새로운 비전을 품어야만 한다. 새로운 비전을 품고 있는 것만으로도 벌써 절반은 성공의 열매를 맺기 시작한 것이다. '시작이 반이다.'라는 말을 잊지 말아야 한다. 새롭고 높은 비전을 품어야만 한다. 그런 비전이 필요하다. 그리고 그 비전을 이룰 수 있다는 확신을 가져야 한다. 확신 속에서 자신감을 가지는 것이 얼마나 중요한지를 잊지 말아야 한다.

'확신에서 생긴 자신감이 능력이다.'

이 말을 성공으로 가는 사람들에게서 너무 자주 들었다. 나는 이것이 정말 중요하다는 것을 여러 사람과의 만남을 통해 체험했다. 확신은 자신감으로 나타나며 그것은 또한 능력이며 재능으로 표출된다. 당신이 확신한 것만큼 이루어진다는 것을 잊지 마라.

'당신 자신을 믿는 것만큼만 이룰 수 있다.'

이 말을 잊지 마라. 그러므로 당신의 생각 영역을 넓히는 것이 가장 중요하다.

세상에서 우주보다 더 넓은 것은 오직 한 가지다. 바로 생각이다. 그러나 생각이 우주보다 더 넓다는 사실을 아는 사람은 많지 않다. 사실 많은 사람들이 스스로 '생각의 장벽'을 쳐 놓고 그 이상을 나가지 못하고 있다. 위대한 일을 성취했던 사람들은 모두 생각의 장벽을 없애는 일에 성공한 사람들이었다. 지금 당신에게도 생각의 장벽이 있는지를 살펴라. 그리고 지금 당장 그 생각의 장벽을 제거하라. 그리하면 당신은 이제 우주를 향해 날게 될 것이다.

세상에 수많은 장벽이 있다. 그 많은 장벽은 눈으로 볼 수 있는 것과 눈으로 볼 수 없는 것으로 나눌 수 있다. 눈으로 볼 수 있는 장벽들은 눈으로 볼 수 없는 장벽들의 표출일 뿐이다. 진짜 어려운 것은 눈으로 보이지 않는 장벽을 무너뜨리는 것이다. 그러므로 눈으로 볼 수 없는 장벽을 제거하는 것이 선행될 때만 눈으로 볼 수 있는 장벽을 제거할 수 있다. 동서독의 장벽이 무너질 수 있었던 점은 두 나라 사람 마음의 장벽이 먼저 무너졌기 때문이다. 우리 한반도의 장벽도 남북한에 살고 있는 사람들의 마음의 장벽이 먼저 무너지면 자연스럽게 무너질 것이다.

가장 무서운 장벽은 자신 안에 설정한 장벽이다.

한 사람이 성공의 열매를 맺느냐 그렇지 못하느냐는 바로 그 사람이 자신의 마음을 어떻게 가꾸고 있느냐에 달려 있다. 자기 자신과 자신의 능력 사이에 거대한 장벽을 세워두지 말라. 당신이 이 땅에 있다는 것 자체가 능력이다. 당신은 신의 능력을 받아 지금, 이 순간도 호흡하고 있다. 당신은 신의 능력을 받아 신의 창조물들을 보고 있다. 당신의 귀는 신의 위대한 능력의 소리를 듣고 있다. 당신이 오감으로 느끼는 모든 것은 신의 위대한 능력을 알려주고 있다. 당신이 신의 능력을 오감으로 알 수 있다는 것 자체가 당신은 능력 있는 신의 형상임을 증명한다.

특히 당신에게 육감이 있음을 잊지 말라.

육감은 오감과는 비교할 수 없는 놀라운 능력이다. 육감은 오직 인간만이 가지고 있다. 육감을 소유한 당신이 환경을 지배하고 있음을 확신해야 한다. 육감은 신만이 가진 것이었다. 그런데 신이 그것을 바로 당신에게 주셨다. 바로 당신을 통해서 신이 원하는 것들이 성취되길 원했기 때문이다. 그러므로 미래에 대해서 확신해야 한다. 당신의 미래에 황금열매가 주렁주렁 달려 있을 것을 확신하라.

우리는 모두 신의 작품이다.
우리는 또한 신께서 원하시는 작품을 만들 수 있다.
우리가 태어나는 그 순간부터 그런 능력을 받았다.

인간이 위대한 것은 바로 신의 능력을 받아 살고 있기 때문이다. 그러므로 신의 능력이 내 안에 있음을 확신하는 사람은 모두 자신감으로 살았다.

원래의 자신감이란 신이 자기 안에서 자신을 통해서 일하신다는 확신을 의미했다. 자기가 신의 대리 통치자로 살고 있음을 확신하는 것이 자신감이다. 사실 위대한 업적을 이룬 사람들은 한결같이 '확고한 자신감'을 갖고 있었다. 그래서 어마어마한 긍정적 능력만을 발휘할 뿐이었다. 지금 너무 어려운 환경에 있는가? 그렇다고 해도 당신 자신이 신의 무한한 능력으로 이 땅에 태어났고 지금도 그 무한한 능력을 받아 살아가고 있는 능력의 사람임을 확신하라.

35. 확신이 성공이다

확신으로 사는 것이 성공이다.

한 마디로 확신이 성공이다.

"성공은 한 가지 형태가 아니다."란 말은 맞는 말이다. 그러나 모든 형태의 성공은 한 가지로 요약된다. 자신이 향상되고 자신이 하는 일이 향상되어야 한다. 그 향상된 자신과 일을 통해서 내 이웃 또한 향상되어야 한다. 결국 미래 세상이 지금보다 아름답게 되어야 한다. 성공 안에는 자신의 향상과 세상의 향상이 함께 있다. 결국 내 자신이 세상을 더 아름답게 만들 수 있는 장본인임을 확신하는 것이 성공의 첫걸음이다. 당신 자신이 세상을 더욱 아름답게 만드는 장본인임을 확신하는 것이 성공의 첫걸음이며 또한 성공 자체이다.

확신이란 흔들리지 않는 신념이다.

확신은 폭풍에도 불구하고 조금도 흔들리지 않는 바다 밑과 같다. 확신이란 흔들림이 없음을 의미한다. 그 어떤 환경에서도, 죽음이 닥쳐오는 그런 상황에서도 포기할 수 없는 확고한 신념이 바로 확신이다. 그리고 그 확고한 신념대로 살고 있는 것이 성공이다. 물론 그 확신은 창조적이고 많은 사람들을 이롭게 하는 것과 연결되어 있어야 한다. 확신은 신앙인이라면 절대자에 의해서 주어진 사명감이며, 신앙인이 아니라면 내적인 음성에 의해서 계속 들려오는 소리와 연결되어 있다. 이런 확신을 가지고 그것을 따라 최선을 다해 살아가고 있다면 그 사람은 이미 성공의 사람으로 살고 있다.

그런데 가장 먼저 성공이 무엇인지를 정립되어 있어야 한다. 성공의 사람으로 살아가는 것과 성공의 결과물을 얻는다는 것은 다르다. 성공의 사람으로 살아가고 있더라도 성공의 결과물이 나타나지 않을 수 있다는 것을 알아야 한다. 수많은 사람들이 이 둘을 혼동하여 살고 있다. 가장 먼저 우리가 알아야 할 것은 성공의 사람으로 살아가고 있다고 해도 반드시 성공의 열매를 맺는 것은 아니라는 점이다. 예를 들자면 돈이다. 수많은 사람들이 많은 돈을 얻는 것을 성공이라고 생각한다. 그러나 그것은 성공의 삶에 대한 보상일 수는 있지만 그 자체로 성공인 것은 아니다. 경제적인 사기꾼도 그것을 얻을 수 있기 때문이다. 독재자도 또한 그럴 수 있기 때문이다. 확신을 가지고 최선을 다해 살고 있는 현재 그런 결과물이 나타나지 않을 수 있다는 것을 항상 명심해야 한다. 그렇다고 해도 확신을 가지고 살고 있는 것 자체가 이미 성공인 것이다.

성공이란 내 자신으로 사는 것이며

자기 자신에게 주어진 사명을 완수하는 것이다.

성공이란 모든 사람이 달성할 수 있는 것으로 그 적용 범위 역시 어떠한 한계도 갖지 않는다. 그것은 자기 자신답게 최선을 다해서 살고 있음이며 자기 자신에게 주어진 일을 최선 다해서 수행하는 것이다. 그러므로 지금 자기에게 맡겨진 신성한 일을 감당하고 있다고 확신하는 사람은 이미 성공의 사람이다. 그리고 이런 진정한 성공은 자신에게 달려 있다는 것을 깨닫고 있는 사람이 세상에서 가장 행복한 사람이다. 성공과 그 성공에 동반되는 부산물들을 혼동하지 않고 살아가는 사람들은 위대한 삶을 살고 있다. 자신은 이 세상에 성공의 사람으로 태어났다는 확신을 갖고 자신의 길을 걸어가는 사람이 가장 행복하고 가장 위대한 사람이다. 그러므로 당신 역시 성공의 사람으로, 가장 행복한 사람으로, 그리고 가장 위대한 사람으로 살 수 있다.

지그 지글라는 '우리 모두 정상에서 만납시다.'라고 말했다. 그러나 우리는 잘 알고 있다. 우리 모두 정상에 오를 수는 없다는 것을. 왜냐하면 정상이란 삼각점의 꼭지와 같기 때문이다. 그곳에는 소수만이 오를 수 있기 때문이다. 그러나 우리 모두 성공할 수 있다. 왜냐하면 성공이란 내 자신이 할 수 있는 최고의 목표를 이루기 위해 최선을 다해 살아가는 것이기 때문이다. 성공은 남과 비교해서가 아니라 스스로에 대해서 최고 높은 목표를 세우고 그 목표를 향해 최선을 다해 살면 되기 때문이다. 그러므로 목표를 향해 최선을 다해서 나아가는 삶이 성공임을 잊지 않고 사는 것이 가장 중요하다. 당신 자신이 최고 높은 목표로 지금 나아가고 있는가? 그렇다면 당신은 성공한 사람이다.

성공이란
올바른 생각이 올바른 시기에
구체적인 행동으로 나타나는 것을 의미한다.

그러므로 생각이 중요하다. 모든 성공은 생각에서 시작한다. 당신이 지금 올바른 생각을 하고 있다면 당신은 성공의 문 안으로 들어가 있다. 당신은 이미 성공했고 지금도 성공하고 있다. 그러므로 올바른 생각만 하고 그 생각을 따라 살고 있다면 당신 자신이 성공의 사람임을 확신하라. 올바른 생각인 확신을 따라 살고만 있다면 항상 이렇게 외칠 수 있어야 한다.

나는 이미 성공했고 지금도 성공하고 있다.

36. 지금 황금씨앗을 심어라

지금 너무 늦었다.
황금씨앗을 심어야 할 시기로는

당신은 이렇게 생각하는가?
아니다! 결단코 늦지 않다.

확신이란 황금씨앗을 심기에는 지금이 최적기다. 많은 사람들이 자신이 하고 싶은 일이 있지만 '너무 늦었다.' 라고 생각한다. 그러나 그렇지 않다. 세상에서 너무 늦은 일은 없다.

헬렌 켈러는 80세 생일날 신문 기자들이 "앞으로 무엇을 하실 계획입니까?" 라고 물었을 때 이렇게 대답했다. "나는 내 목숨이 붙어 있는 한 특별한 도움이 필요한 사람들을 위해 일할 겁니다." 그녀는 88세의 나이로 평화롭게 눈을 감는 그 순간까지 최선을 다해 자신이 해야 할 것들을 해냈다.

스티븐슨이 실용적인 기차를 만들 수 있었던 것은 바로 와트가 실용적인 증기기관을 만든 다음이었다. 포드가 '자동차의 왕'이란 소리를 듣는 것은 그가 차를 최초로 발명했기 때문이 아니라 이미 발명된 차를 발전시켰기 때문이다. 빌 게이츠가 세계적인 갑부가 될 수 있었던 비결도 이미 발명된 컴퓨터를 보다 발전시켰기 때문이다. 지금, 이 순간 이 글을 컴퓨터에 타자할 수 있는 것도 누군가 컴퓨터에 타자 기술을 적용했기 때문이다. 이 글을 다시 교정하고 있었던 2011년 10월에 스티브 잡스가 세상을 떠났다. 그가 세상을 떠나자 많은 사람이 애도했다. 그가 이미 발명한 것으로 세상을 더욱 아름답게 만들었기 때문이다. 그렇다! 수많은 사람들은 이전에 발명된 것을 활용하여 황금알을 낳았다. 당신도 이미 있는 것들을 최선으로 이용할 수 있어야 하고, 이미 있는 것들을 보다 발전시킬 수 있는 사람이 되어야 한다. 지금 기회는 바로 당신의 것이다.

나는 현재가 바로 당신의 때임을 한 번 더 상기시키고 싶다. 확신을 가져야 한다. 지금은 바로 당신을 위한 시간이다. 1993년 빌 게이츠는 이렇게 말했다. "컴퓨터 혁명은 아직도 유아기에 불과하며, 우리 앞에는 무한한 가능성의 세계가 놓여 있다." 빌 게이츠가 위의 말을 한 지 17년이 지난 지금 나는 이 글을 쓰고 있다. 지금의 컴퓨터는 유아기를 지나 유년기에 접어들었을 뿐이다. 컴퓨터만이 아니다. 자동차도 마찬가지다. 아직도 수많은 성장이 기다리고 있다. 대체 에너지도 마찬가지다. 모든 분야가 사실은 그 끝에 도달하지 않았다. 모든 분야가 아직도 성장을 위해 당신의 확신을 기다리고 있다. 확신에 찬 당신의 손길을 기다리고 있는 영역을 보아야 한다.

결혼도 늦지 않다. 나이가 너무 많아 결혼할 수 없는 사람이란 한 사람도 없다. 이혼을 몇 번이나 해서 이제는 더 이상 결혼은 불가능하다고 생각해야 할 사람도 없다. 왜 그런가? 당신과 생명의 교제를 나눌 사람을 이제는 만날 때가 되었기 때문이다. 어쩌면 이미 당신 옆에 그 사람이 있는지 모른다. 확인해 보라.

70세가 넘어서야 처음으로 결혼했던 홍콩의 '디렉 솜야와 캄판 삼니' 부부를 아는가? 2004년 1월 19일, 나는 74세와 71세의 나이로 결혼한 이 부부의 기사를 신문에서 오려 성경책 책갈피로 지금까지 사용해 왔었다. 너무 감동적이고 도전적이었기 때문이다. 44년 전에 캄판 삼니양을 만났던 디렉 솜야군은 첫눈에 반했고 그 후 여러 지방으로 직장을 옮겨 다녔다. 직장을 옮겨 다니는 가운데서도 13년 전까지 연애편지를 주고받다가 캄판 할머니가 갑자기 소식을 끊었다고 한다. 디렉 할아버지는 2003년 초 수소문 끝에 캄판 할머니가 미혼이라는 사실을 알고 다시 연락하였고 2월에 만나 정식으로 구혼했다. "당신과 결혼하는 것을 수십 년간 마음속에 간직해왔다." 라고 고백하면서 말이다. 70세가 넘은 두 사람이 초혼의 결혼생활을 시작할 수 있었던 것도 '사랑의 확신' 이 있었기 때문이다.

54세와 18세의 나이로 결혼해서 34년 동안 8명의 자녀를 낳았던 채플린과 오나의 결혼생활에 도전을 받았는가? 36세의 나이 차를 극복했던 그들도 '사랑의 황금열매를 딸 수 있다는 확신' 이 행복한 결혼생활의 뿌리임을 입증해 주었다.

이전에 실패한 사람들이여!

지금, 이 순간에도 '패자부활전'이 있음을 잊지 말자. 지금도 늦지 않다. 내가 이 책을 3번째로 다시 보며 세밀하게 교정하고 있는 지금은 2020년 3월이다. 이 책을 쓴 지 10년이 지났다. 내가 아직도 글을 살피고 있는 이유는 이 책이 반드시 출판될 것을 알기 때문이며 베스트셀러가 될 것을 확신하기에 지금도 이렇게 황금씨앗을 심고 있다. 당신이 이 책을 읽고 있는 그때에는 내가 써 둔 많은 책은 내가 지금도 심고 있는 황금씨앗 때문에 베스트셀러가 되어 있을 것이다.

2025년 6월 14일 토요일 오후입니다.

저는 지금도 25년 전에 마음 중앙에 심었던 황금씨앗이 이미 자라서 황금나무가 되었음을 확신합니다. 이제는 황금나무에서 수많은 황금열매가 아름답게 맺고 있음을 확신합니다. 이 책의 앞표지에 보이는 사진도 그 열매 중 하나입니다. 사진에 있는 붉은빛을 내는 것이 과연 무엇이며, 이것이 어느 정도 가치가 있는지를 아는 사람은 저와 가족으로 살아가는 사람들뿐입니다.

저는 제게 셀 수 없는 황금열매가 신인에 의해서 주어졌음을 2024년 9월 20일에 알게 되었습니다. 신인은 명량해전이 있기 바로 전날인 1597년 음력 9월 15일 꿈에 이순신 장군께 나타나 명량해전 승리 방법을 말씀해 주셨던 바로 그분입니다. 제가 어떻게 알게 되었는지를 〈이순신보물〉〈이순신눈물〉 그리고 〈마침내 발견된 이순신사랑〉에서 자세히 설명했습니다. 그래서 저는 2024년 9월 20일부터 지금까지 수많은 황금열매가 최고 적절히 나눠지기를 그 신인에게 간구하고 있습니다. 저는 지금 100% 공유기업을 세우기 위해 기도하며 준비하고 있습니다. 2010년에 꿈의 목록 101가지를 만들었는데, 90번째가 이것입니다.

- **소득의 1%로 우리 가정이 살고 99% 나누며 살기**
  지금 이 꿈이 성취되고 있습니다.

다시 권면합니다.
지금도 늦지 않습니다.
지금, 이 순간이 마음 중앙에 황금씨앗을 심을 최적기입니다.

마지막으로 2010부터 자주 곱씹고 있는 문장을 나눕니다.

기억하며 최선을 다하자.
마음에서
황금씨앗은 황금나무로 자라나길 꿈꾸고
황금나무는 황금열매가 가득 맺길 꿈꾸는
지금, 이 순간에도

황금씨앗의 꿈

초판 1쇄 발행   2025년 6월 20일

지은이	이순태
펴낸이	이순태
펴낸곳	뷰티풀월드
주 소	전남 보성군 벌교읍 원지동길 189-14
문 의	okvision7777@gmail.com(출판사)
	saintspaullee@gmail.com(저자)
전 화	010 9437 7883
디자인	
표지사진	이순태
ISBN	979-11-993087-4-9

* 책값은 뒤표지에 표시되어 있습니다.
* 이 책의 내용 전부 또는 일부를 무단 사용을 금지합니다.
사용하시려면 반드시 저자의 동의를 받아야만 합니다.
저자의 동의 없이 사용하는 경우 법적 책임이 따르게 됩니다.